대한민국이 나아가야 할 길

나, 우리, 국가, 세계,
그리고
중소기업

나, 우리, 국가, 세계, 그리고 중소기업

초판 1쇄 인쇄 2012년 11월 20일
초판 1쇄 발행 2012년 11월 27일

지은이   이중효
펴낸이   손형국
펴낸곳   (주)북랩
출판등록   2004. 12. 1(제2012-000051호)
주소   서울시 금천구 가산디지털 1로 168,
            우림라이온스밸리 B동 B113, 114호
홈페이지   www.book.co.kr
전화번호   (02)2026-5777
팩스   (02)2026-5747

ISBN 978-89-98268-18-3 03320

WE NATION WORLD

SMALL AND MEDIUM BUSINESS

대한민국이 나아가야 할 길

나, 우리, 국가, 세계, 그리고 중소기업

이중효 지음

booklab

이 글은 세 개의 장으로 되어 있다. 중소기업의 문제와 발전에 관한 장, 사회의 제반 문제를 다룬 장, 그리고 필자의 성장과정에 대한 장이 그것이다. 따라서 독자들은 구미에 맞는 장을 골라 읽어도 좋다.

중소기업에 대한 글을 나 자신이 중소기업을 경영하는 CEO로서 산업현장에서 보고 느끼고 생각하고, 그리고 연구의 결과물로 얻어진 것들이다. 중소기업에 관련된 분들이 많이 읽어 우리나라 중소기업의 문제 해결과 발전에 조금이나마 보탬이 된다면 더 이상 바랄 게 없겠다.

오늘날 이슈거리와 사회문제에 대한 글은, 지식인들과 정치인들 간의 논쟁이 탁상공론적인 데가 많고 시원한 구석이 보이지 않아 내 생각을 담담히 적어 본 것이다. 사회문제에 대한 나의 정론과 해법을 독자들이 어떻게 받아들일지 자못 걱정이지만, 국가의 장래를 걱정하는 논객의 마음을 잘 헤아려 줄 것으로 믿는다.

끝으로 성장과정에 관한 글은 과거에서 현재에 이르는 시간의 흐름을 따라 쓴 게 아니라 기억의 편린들이 떠오를 때마다 펜을 든 결과물이다. 우연히 떠오른 기억도 있고, 일부러 특정 기억을 더듬어 간 부분도 있다.

그동안 틈틈이 쓴 글들을 책으로 묶으려 하니 아쉬움이 많다. 중소기업에 관한 것과 사회문제, 그리고 자전적 이야기를 따로 떼어내어 각각 책 한 권씩 묶고 싶었으나, 그 또한 욕심이라는 생각이 들어 이 기회에 한 데 묶기로 했다.

산에 올라가면서 보지 못한 꽃을 내려가는 길에 보았다는 어느 시인의 시구가 떠오른다. 나는 비로소 세상의 작은 꽃들이 눈에 보이기 시작했다. 나는 언제나 낮은 곳에 있을 것이다.

2012년 10월 이중효

차례

Chapter 3 사회정의를 위한 단상

나, 우리, 국가, 세계, 그리고 중소기업

Chapter 1
국가의 희망,
중소기업

'올인'을 우리말로 순화하면 '다 걸기'가 된다. 어떤 것을 위해 자기 자신을 다 던진 사람을 일컬어 다 걸기 한 사람이라고 한다. 어떤 가치를 위해, 사랑을 쟁취하기 위해, 복수를 위해, 명예를 위해 때로 사람들은 자신의 모든 것을 거기에 건다. 무엇인가에 다 걸기 해 본 사람은 안다. 자신도 모르는 사이에 고독에 빠져 있다는 사실을. 아무리 유쾌한 성격의 소유자라 할지라도 그 순간부터 고독에 빠진다. 그때 나도 그랬다. 말수가 적어졌고, 홀로 있는 시간이 많아졌다.

원래 나는 외향적 성격이다. 나를 아는 지인들도 한 결 같이 그렇게 평가한다. 혼자 있을 때보다 사람들과 함께 이야기하거나 무언가를 같이 하거나 할 때 오히려 심리적 안정을 얻는 편이다. 사람들에 둘러싸여 이런 저런 담소를 나누며 세상 돌아가는 이야기를 하고 정치적 현안을 주장하고 듣는 것을 즐긴다. 그래서 밥을 사겠다는 유인책으로 지인들을 한 자리에 모아 즐거운 시간을 자주 가진다. 때로는 그들에게 자문을 구하고 조언을 듣기도 했다.

그런데 중소기업 창업에 다 걸기 한 순간부터 말수가 적어지면서 고독에 빠진 것이다. 나는 전 재산은 물론이고 삶 자체를 거기에 다 걸었다. 돌이켜보면 중소기업 창업은 이십 대 초반부터 꾸던 꿈이었다. 나는 비로소 꿈을 위해 한 걸음 내딛은 것이었다. 그 걸음은 처음부터 순탄할 순 없겠지만 내딛는 첫발부터 진흙수렁에 빠져서는 안 되었다. 나는 무신론자였지만 신에게 기도했다. 하느님, 저를 버리지 마시고 좀 도와주십시오!

공장 부지를 찾기 위해 전국을 이 잡듯이 뒤지고, 잡초 무성한 땅에 터파기를 하고 파일을 박고 건물을 올리던 일이 주마등처럼 떠오른다.

공장을 마련하는 일은 생각처럼 쉽지 않았다. 기존의 공장을 인수하는 것과 새로 짓는 일을 동시에 염두에 두고 일을 추진했다. 기존 공장을 인수하는 일은 비용과 시간을 절약할 수 있는 장점이 있지만 내가 원하는 시설과 설비를 갖춘 공장을 구하기 어려웠다. 결국 나는 인천 만석동 부두 인근에 공장을 짓기로 했다.

지난한 발품 끝에 발견한 공장 부지는 인천광역시 만석동 부두 인근이었다. 바닷물이 들고 나는 갯골과 마주한 잡초 무성한 매립지였다. 그 땅을 처음 보았을 때 시쳇말로 감을 잡았다. 주변은 아파트가 서 있었고, 크고 작은 공장들이 이미 들어서 조업 중이었다. 그 후 나는 한 치의 망설임 없이 일사천리로 일을 진행시켰다.

인천은 고향인 영암과 고등학교 시절을 보낸 부산 다음으로 내가 잘 아는 도시였다. 나는 이십대 청춘을 대우중공업 서울 사무소에서 바쳤는데 인천 만석동은 대우중공업 본사가 있었던 곳이었다.

다비드 상을 조각한 미켈란젤로의 일화가 떠오른다. 교황청과 피렌체공국으로부터 작품제작을 의뢰받은 미켈란젤로는 조각에 적합한 대리석을 찾기 위해 무려 3년 동안이나 이곳저곳을 돌아다니다가 다시 피렌체로 돌아왔다. 그런 어느 날 미켈란젤로는 길가 잡초덤불에 방치되어 있던 거대한 대리석 덩어리를 발견했다. 순간 그 거대한 돌덩어리는 마치 다비드상이 되기를 기다리고 있는 듯했다. 미켈란젤로는 인부 수백 명을 동원하여 그것을 작업실로 옮겨와 다비드상을 완성했다. 다비드상이 세상에 그 모습을 드러내던 날 미켈란젤로는 이렇게 말했다. "저는 조각을 했다기보다 대리석의 불필요한 부분을 제거했을 뿐입니다." 미켈란젤로가 피렌체에서 대리석을 발견했듯 나 또한 인천에서 공장 부지를 찾아냈다. 실로 등잔 밑이 어두웠던 셈이다.

　나는 길가 잡초더미에 방치된 거대한 대리석을 우연히 발견하고 영감을 떠올린 미켈란젤로처럼 만석동 부두 인근의 부지를 보고 공장의 청사진을 그렸다. 현재 5천여 평의 부지와 3천여 평의 건물은 대부분 그때 그렸던 청사진대로 세워진 것이다.

여기서 잠시 그동안 우리나라가 펴온 중소기업 정책을 살펴보고자 한다. 오늘날 중소기업 정책의 문제점을 지적하고 대안을 제시하기 위해서는 과거 정책에 대한 평가가 선행되어야 하기 때문이다.

우리나라 중소기업은 1960년대부터 추진되어온 '중소기업 보호와 육성' 정책으로 양적 성장을 일구어냈다. 그런데 이 정책은 1990년대 이후 '자율과 경쟁'으로의 전환하여 오늘에 이르고 있다.

그동안 중소기업을 둘러싼 경제 환경은 급속도로 변했다. 중국 경제의 급부상과 대기업의 글로벌 아웃소싱이 일반적 생산방식이었다. 또한 외환위기 이후 중소기업은 생산성과 임금 등 각 방면에서 경쟁력이 떨어지고 있다.

우리나라 중소기업 정책의 근본 방향이 보호적 차원에 머무는 동안 선진국들은 각 중소기업 특성에 따른 차별적 맞춤정책을 펼쳐나갔다. 미국을 예로 들면 중소기업 자금 조달의 경우에 1980년부터 연방정부를 통한 직접 금융지원을 포기하고 신용보증이 중심이 된 간접적 지원에 주력했다. 이는 철저히 시장원리에 의해 중소기업의 경영환경을 개선해나가겠다는 정책으로 평가된다. 일본 또한 1996년에 중소기업법을 개정했는데, 그 내용은 한마디로 정부주도의 육성책을 버리고 대기업과 중소기업 간의 협력과 경쟁을 꾀하는 내용이다. 우리나라는 지난 1997년에 '벤처기업 육성에 관한 특별조치법'을 제정함으로써 혁신형 중소기업이 주요한 정책 대상으로 부각되었다. 이후 김대중 정부는 벤처기업 육성책을 더욱 강화했으며, 벤처기업 육성이 경제정책의 핵심적 위치를 점하게 되었다. 이런 현상은 나라 경제에 큰 변화를 예고하는 것으로, 비로소 대기업에 집중되었던 자금과 인력 등의 경영자원이 성공 가능성 있는 작은 기업에까지 미치게 된 것을 의미한다. 한국 경제사에서 2000년을 전후한 시기의 벤처기업의 성장은 우리나라 경제의 가장 역동적인 순간 중의 하나로 기록되었다.

그런데 유행처럼 번진 벤처기업 창업 열풍은 거품을 만들었다. 벤처기업의 잠재력과 미래 가치가 지나치게 부풀려졌던 것이다. 결국 벤처기업의 거품은 빠지고 벤처기업은 구조조정의 대상이 되었다. 통계를 살펴보면 2001년 말 벤처기업은 1만 3,920개에 이르렀다.

과거 노무현 정부는 2004년부터 다시 벤처기업에 관심을 기울이기 시작했다. 노무현 정부는 먼저 중소기업 제품의 판로개척을 위해 공공구매제도를 시장 친화적 정책으로 바꾸었다. 단체수의계약 제도를 폐지하고 공공기관의 물품구매 시장을 개방했다. 단체수의계약은 1965년에 도입된 제도로 정부 등 공공기관이 특정 물품을 구매할 때 경쟁입찰에 의하지 않고 중소기업협동조합과 임의로 계약을 체결하는 것을 말한다. 계약체결 후 조합은 일정한 기준에 따라 조합에 가입된 중소기업에 물량을 배분해준다. 그런데 이 제도는 팔아주기 식 정책이다 보니 중소기업의 경쟁력 강화라는 시대적 요청에 부응하지 못했다. 특히 소수의 기득권을 가진 중소기업이 수혜를 보는 불공정제도라는 지적이 많았다. 아무튼 노무현 정부는 단체수의

계약제도를 폐지하는 대신 중소기업제품 구매목표비율제를 통해 공공기관은 연간 총 구매액의 50%이상을 중소기업이 생산하는 제품으로 구매하도록 강제했다. 이것은 수의계약 대상품목을 중소기업 간의 제한경쟁으로 전환한 것이고, 또한 중소기업을 대기업으로부터 보호하는 동시에 중소기업 간의 경쟁을 부추겼다. 특히 벤처기업이 개발한 신기술제품의 경우에 공공구매를 확대하는 한편 구매자의 신뢰를 높이도록 성능인증 및 보험제도를 도입[1]하여 오늘에 이르고 있다. 그러나 나는 이 제도가 과거 시행했던 제도보다 진일보했다고 평가하지만, 중소기업 발전에 실효를 거두고 있는지는 의심스럽다. 왜냐하면 현재 중소기업의 경영환경은 과거에 비해 더욱 안 좋아졌기 때문이다.

---

1) 노무현과 참여정부 경제5년. 한스미디어 2009.

나는 대우중공업에서 근속 11년 만에 창업을 결심하고 퇴사했다. 희망과 두려움이 교차하던 불면의 밤이 이어졌다. 30대 초반은 적은 나이가 아니지만 창업을 하기에는 이른 나이였다. 직장 동료들과 선배, 그리고 상사들은 우려 반 격려 반의 목소리로 잘 해보라고 했다. 나는 회사에 정이 흠뻑 들었다. 내 고향에서 가까운 정읍 출신 서정주 시인은 "나를 키운 건 팔 할이 바람이다." 라고 했지만, 나야 말로 나를 키운 건 대우중공업이었다. 조국근대화의 기수로서 군복무를 대신하여 5년을 방위산업체 병역특례로 근무했고, 다시 6년을 더 근무했다. 방위산업체 5년 근무는 국가로부터 고교 3년 동안의 학비와 기숙사 비를 면제받은 데 대한 의무복무였다. 철모르고 세상 물정 모르던 풋내기가 이만큼 성장할 수 있었던 것은 돌이켜보면 대우중공업이 있었기 때문이었다.

사업자금은 그 동안 저축한 돈과 퇴직금을 몽땅 털어도 턱없이 부족했다. 썩 내키지 않은 일이지만 별 수 없이 아내의 힘을 빌리기로 했다. 당시 은행에 근무하고 있던 아내의 금융지식은 나보다 한 수 위였다.

우여곡절 끝에 겨우 창업자금을 마련하여 본격적으로 사업을 시작했다. 회사명을 '효창산업'이라 지었다. 새벽 효(曉)자와 창성할 창(昌)자. 나는 무엇보다 이 두 글자의 뜻이 좋았다. 군이 해석을 하자면 새벽부터 열심히 일해서 창성한다는 의미를 둘 수 있겠다. 성경에 겨자씨의 비유가 있다. 처음에는 겨자씨만큼 작고 미약하지만 나중에는 번창한다는 내용 말이다. 아무튼 나는 한동안 '효창'이라는 두 글자를 입 안에서 사탕을 녹여먹듯 밤낮 없이 웅얼거리고 다녔다.

대기업에서 일감을 얻는 데 '조국근대화의 기수' 출신이 큰 힘이 되었다. 거기다 대우중공업에서 11년 동안의 근속도 도움이 되었다. 첫 일감을 대우자동차 부평공장 엔진부로부터 얻었다. 계약서에 도장을 찍은 그날 나는 세상이 처음으로 아름답게 보이면서 하늘을 날아오를 듯이 기분이 좋았다.

부평공단에서 세를 얻은 공장에서 먹고 잠자고 일하기를 무려 6개월 동안 계속했다. 조금씩 공장의 모습은 갖춰갔고 드디어 첫 제품이 생산되었다. 비교적 간단한 주물제품이었지만 그 감격은 컸다. 필설로 다하지 못한다는 말이 있는데 그때의 감격이 그랬다. 대우자동차에 제품을 납품하고 받은 대금은 종업원 월급 등 필요경비를 제하고 한 푼도 남김없이 재투자되었다. 여전히 아내에게는 생활비 한 푼 갖다 주지 못했다. 그래도 아내는 한 마디 불평불만 없이 잘 견뎠다.

공장 한 편에 마련한 컨테이너 박스에서 의식주를 해결하던 어느 날 나는 식중독에 걸렸다. 건강 하나는 자신했지만 중독 상태가 심각해서 병원에 입원할 수밖에 없었다. 아내는 링거주사를 맞고 있는 내 모습을 보며 눈물을 보였고, 이렇게까지 하면서 사업을 해야겠느냐고 울먹였다. 나는 음식을 잘못 먹은 것뿐이니 걱정하지 말라고 안심시켰다. 링거주사액이 다 들어갈 때까지 아내는 내 곁을 지켰고, 그때 나를 향한 아내의 사랑을 느꼈다.

나는 비록 작은 공장의 운영일지라도 경영에 원칙이 있어야 한다고 생각했다. 그 첫 번째 원칙이 가급적 은행돈을 쓰지 않는 것이고, 둘째가 당좌어음 거래를 하지 않는 것이고, 셋째가 종업원 월급은 미루지 않는 것이고, 마지막으로 거래처에 로비를 하지 않는 것이었다. 나는 이런 문구를 인쇄한 뒤 다이어리 맨 앞장에 풀로 붙여 수시로 볼 수 있게 만들었다. 나는 이 원칙을 그때로부터 20여 년이 흐른 지금까지 고수해오고 있다. 그 원칙을 지켰기 때문에 IMF구제금융 때에도 제 날짜에 직원들 월급을 챙겨줄 수 있었다.

사업가로서의 경력이 쌓일수록 제조 품목은 다양해졌다. 처음에 간단한 차량용 엔진부품에서 흡입매니폴드(IN MANIFOLD), 오일 팬(OIL PAN), 그리고 선박과 트럭용 엔진오일 팬(ENGINE OIL PAN)을 제작했다. 이 제품들의 공통

점은 알루미늄 주조라는 것이다. 주조란 녹인 쇳물을 거푸집에 부어 물건을 만든다는 뜻이다.

여기서 잠깐 공중 분해되어버린 기업 '대우' 이야기를 하고 넘어가야겠다. 알려져 있다시피 대우는 세계경영을 모토로 산업 전 분야에 걸쳐 확장해나가다가 기업이 공중분해 되어버린 비운의 회사다. 앞서 말했듯이 나는 조국근대화의 기수로 첫발을 디딘 곳이 대우중공업이었고, 그래서 대우에 대한 애정은 남다르다. 당시 김대중 정부는 대우에 법정 BIS비율을 맞출 것을 권고했으나 대우는 기한 내 그 비율을 맞추지 못했다. 그러자 정부는 가차 없이 대우를 공중분해 시켜버렸다. 나는 지금도 의아하다. 대우가 BIS비율을 맞추지 않은 것도 그렇고, 정권은 이것을 기다렸다는 듯이 세계로 뻗어나가고 있는 대우를 공중분해 시켜버린 것도 납득할 수가 없다. 대우는 대마불사의 논리를 앞세웠던 걸까. 당시 김대중 정권은 대우의 오만과 방만한 세계경영에 이른바 괘씸죄를 적용한 걸까. 만약 그때 대우가 공중분해 되지 않았더라면 지금쯤 대우는 어떠할까? 이런 생각이 다 부질없다는 걸 알지만 가끔 그런 상상을 할 때가 있다. 아무튼 대우를 공중분해한 것은 아쉬움의 차원을 넘어 국력의 낭비였고 손실이었다.

주식회사 대우와 그 계열사가 회사정리절차에 들어갔다는 것은 효창산업으로서는 주 거래처를 잃어버린다는 의미였다. 우려가 현실로 나타나는 데는 그리 오랜 시간이 걸리지 않았다. 나는 사업을 다각화 하는 것만이 효창산업이 사는 길이라고 생각했다. 위기는 곧 기회라는 말을 반면교사 삼아 새로운 분야로 눈을 돌렸다.

'마누라만 빼고 다 바꾸라'는 어느 기업 회장의 말처럼 나는 처음부터 다시 시작한다는 마음가짐으로 사업을 점검했다. 그러나 업종전환은 말처럼 쉽지 않았다. 무엇보다 기존의 생산설비를 모두 바꿔야한다는 게 어려웠다. 장고 끝에 나는 기존의 설비시설을 모조리 고철처리하고 그 자리에 새로운 설비시설을 들이기로 결정했다. 그동안 생산했던 자동차 엔진부품 사업을 깨끗이 접기로 한 것이다.

당시 IT산업은 성장일로에 있었다. 효창산업의 알루미늄 주조 분야에 기술력을 바탕으로 LCD반도체 부품의 하나인 클린룸(CLEAN ROOM)을 생산하기로 결정했다. 가공기계를 대당 10억씩 주고 수입하는 등 신규시설 투자로 약 100억 원을 집행했다.

효창산업의 기술력을 먼저 알아본 것은 삼성전자였다. 효창산업은 삼성전자의 협력업체가 되어 반도체 장비를 납품하기 시작했다. 사업의 다각화는 여기서 그치지 않았다. 나는 컴퓨터 모니터 분야에도 진출했다. 모니터 분야와 LCD반도체 장비는 별개의 분야가 아니었다. 효창산업은 삼성전자 협력업체들로부터 부품을 가져와 모니터 완제품을 생산했고, 이것을 러시아에 수출하기 시작했다.

사람들은 나를 성공한 사업가라고 말한다. 하지만 나는 그렇게 생각해본 적이 단 한 번도 없다. 나는 다만 매 순간 최선을 다했을 뿐이며 성공이란 말을 들을 자격이 없다고 생각한다. 성공은 자기만족의 성격이 강하며 인생의 진정한 성공은 노년이 되어봐야 알 수 있을 것이다. 그때 주변 사람들이 "그 사람 인생 참 잘 살았어." 하고 말할 때 비로소 성공이란 말을 입에 담을 수 있을 것이다. 성공은 결코 물질적인 게 아니다. 물론 물질적 요소를 무시할 수 없지만 핵심은 주변 사람들에게 얼마나 사랑을 베풀며 살았느냐에 달려 있을 것이다. 내 가족뿐만 아니라 이웃과 사회에 관심을 기울이며 공동선(共同善)을 실천하는 것. 이것이 바로 내 삶의 지향이자 목적이다. 나는 정말로 노년에 이르러 성공했다는 말을 듣고 싶다.

사람들은 내게 이런 질문을 자주 한다. "어떻게 그 나이에 창업을 했나요?" 무슨 말이냐 하면 남들은 취직도 안 한 30대 초반에 어떻게 창업 할 생각을 다 했느냐는 물음이다. 그때마다 나는 이렇게 대답한다. 나는 국립 부산기계공업고등학교에서 정밀가공 분야 자격증 세 개를 취득했고, 학교를 졸업하자마 조국근대화의 기수가 되어 방위산업체에서 군복무 대신 5년 동안 근무했고, 뒤이어 같은 업체에서 6년을 더 근속했다. 이 무렵 우리나라 산업은 눈부시게 발전했고 나는 그 발전에 일조했다. 그러므로 나의 성장사는 곧 우리나라 산업의 역사이다. 내가 약관의 나이에 중소기업

CEO가 된 것은 어찌 보면 한 사람의 기술자가 선택할 수밖에 없었던 인생 행보이다. 무슨 말이냐 하면, 지금도 그렇지만 당시에도 우리 사회는 기술자를 대접해주지 않는다. 그래서 나는 창업이라는 험난한 길을 선택했다. 만약 우리 사회가 기술을 가진 사람을 높이 평가하고 대접하는 풍토가 조정되었더라면 나는 결코 창업이라는 험난한 길을 선택하지 않았을 것이다.

나는 기술자를 후하게 대접하고 기술자의 자존감이 높은 사회를 만드는 데 일조하고 싶다. 그것은 나의 사명이다. 왜냐하면 내가 바로 기술자이기 때문이다. 사회를 그런 방향으로 이끌기 위해서는 법과 제도가 바뀌어야 한다. 법과 제도는 정치인의 몫이다. 따라서 정치인들의 의식이 그에 미치지 못하면 그것을 위한 노력은 공염불이 될 것이다.

아우스빌둥과 마이스터고등학교

기술자들이 존중받는 독일의 사례를 보자. OECD자료에 따르면 독일의 고등학생이 대학에 진학하는 비율은 42%다. 반면에 우리나라는 80% 이상이다. 왜 이런 대조적 현상을 보이는가. 이유는 분명하다. 기술자를 대접하지 않는 사회 풍토 탓이다.

독일에서는 고등학교 졸업과 동시에 산업현장에 투입돼 전문가로 일할 수 있는 직업교육(아우스빌둥)에서 3년간 실습과 공부를 병행한다. 우리나라로 치면 인문계고등학교 졸업자에게 기술을 가르쳐주는 직업교육인 셈이다. 독일의 직업교육은 고졸자에게 취업의 기회를 주는 게 아니라 대학에 가지 않는 학생들의 적성 모색과 직업 선택이라는 이중적 의미를 띠고 있다. 독일의 학제는 초등학교 교육과정은 동일하고, 중학교 과정에 해당하는 제쿤달스튜페(5~6년제)에 있는 다양한 종류의 학교를 선택해서 진학한다. 이 가운데 아우스빌둥을 목표로 한 학생들은 일종의 특수학교라 할 수 있는 레알슐레, 하우프트슐레 등에 다니게 된다. 아우스빌둥을 거쳐 만 17세가 되면 기업에 입사할 수 있는데, 아이스빌둥은 우리나라의 인턴제도와 비슷해 보이지만 그 내용은 사뭇 다르다. 독일에서는 취업 전에 반드시 직업교육 과정을 거쳐야 한다. 그 과정을 거친 사람은 자격증을 받게 되는데, 비록 일용직일지라도 이 자격증이 있어야 취업이 된다. 말하자면 일용직도 아무나 할 수 있는 게 아닌 것이, 채용에 앞서 해당 분야의 직업교육을 받았는지, 자격증이 있는지를 꼼꼼하게 따진다.

이러한 독일의 직업교육제도는 세계 여러 나라에서 주목받고 있다. 우리나라의 마이스터고등학교는 독일의 아우스빌둥을 모델로 만들었다. 하지만 독일의 경우에는 직업교육이 기업 차원에서 이루어지는 반면 우리나라는 교육부의 정식 교과과정에서 이루어지고 있다는 점에서 차이가 있다. 한국의 마이스터고등학교가 독일의 아우스빌둥처럼 제 몫을 다하기 위해서는 독일사회처럼 기술자를 우대하는 풍토가 먼저 조정되어야 한다.

현재 중소기업에서는 고급 기능인력 구하기가 하늘에 별 따기만큼이나 어렵다. 마이스터고등학교 졸업자 대부분이 취업을 기피하거나 대학교에 진학하기 때문이다. 고졸자 중 대학 진학률이 80% 이상이라는 통계가 이 사실을 뒷받침하고 있다. 또 우리나라는 장래 희망과 적성에 따라 마이스터고등학교에 진학하는 게 아니라 공부를 못해 어쩔 수 없이 실업계 고등학교를 진학한다는 사실이 문제이다. 이는 이미 탈선이 예고된 기차를 탄 것이나 진배없다. 다시 한 번 강조하지만 한국의 마이스터고등학교가 독일의 아우스빌둥처럼 제 몫을 다하기 위해서는 무엇보다 급여에서 고졸자와 대졸자의 차이가 있어서는 안 된다. 기술자를 대접하는 사회풍토는 여기가 출발점이다.

중소기업 발전을 위하여

　중소기업 발전을 위해 가장 중요한 것 한 가지를 꼽으라면 나는 주저 없이 기존의 창업보육센터에 대한 실질적 지원을 꼽겠다. 창업보육센터는 참신한 아이디어와 뛰어난 기술력을 가진 예비 창업자 또는 창업 초기 기업에게 사업 공간 제공, 경영 기술 지도와 정보 제공 등을 하는 국가기관이다. 이는 안정적인 창업을 할 수 있도록 함으로써 창업 성공률을 높이고 중소·벤처기업 육성의 전진기지 역할을 수행하는 일종의 기업 인큐베이터 같은 것이다. 무엇보다 창업보육센터에 입주한 업체는 저렴한 임대료로 사업장을 확보할 수 있다. 또한 공동설비 활용으로 자금 부담을 덜고 경영과 기술, 법률 컨설팅 등 각종 서비스를 제공받을 수 있다. 현재 중소기업청에서는 대학과 국공립 연구소의 창업보육센터 건립 소요자금을 80% 이내(사업자당 10억 원 한도)에서 지원하고 있다.

창업보육센터를 거쳐 간 기업의 생존율은 71%인 데 비해, 창업보육센터를 거치지 않은 중소기업의 생존율은 5~6%밖에 되지 않는다. 또한 창업보육센터에 입주한 기업들은 입주 전과 비교하여 평균 0.5인의 고용증대와 1.1억 원의 매출 증가를 보인 것으로 나타났다.[2] 내가 입안의 침이 마르도록 창업보육센터의 중요성을 강조하는 이유가 바로 여기에 있다.

창업보육센터의 운성성과를 주체별로 비교해보면 공공연구기관이 대학이나 지자체에 비해 두드러지게 높은 성과를 보이고 있다.[3] 대학이 높은 성과를 거두기 위해서는 이론 교육 중심에서 벗어나 산업계의 요구를 우선적으로 반영하는 수요자 중심의 교육을 해야 한다. 산학연구 방식도 연구개발을 넘어 실용적 상품을 개발해야 하고, 나아가 현장 실무 중심의 교육으로 바뀌어야 한다는 게 내 생각이다.

창업보육센터 졸업 기업가 대상 설문조사에 따르면 애로사항으로 생산제품의 판로 문제를 들었다. 다음으로 자금 확보를 위한 금융 알선 서비스가 약하다고 나왔다. 나는 이 문제를 이렇게 해결하면 된다고 본다. 실리콘밸리의 사례를 우리나라 경제 실정에 맞게 바꾸어 시행하는 것이다.

---

2) 창업보육센터정보마당(www.bi.go.kr)
3) 한국경제 새판짜기. 미들하우스 2007.

먼저 금융의 문제를 보자. 내가 몇 해 전에 방문한 미국의 실리콘밸리의 중소기업은 그곳 은행들이 후원자 역할을 하고 있었다. 실리콘밸리 은행과 코메리카 은행(COMERICA BANK)이 대표적이다. 정보기술(IT)·소재·에너지 분야 등의 유망 벤처기업이 이 은행의 주된 고객들이다. 벤처기업가는 은행으로부터 설비자금을 무담보 신용대출을 받는다. 또한 공장부지 확보를 위한 절차와 환경 기준 충족, 지방정부의 인허가 등에 따르는 서비스를 은행으로부터 지원받는다. 이때 은행은 벤처기업의 사업성 조사와 정보수집, 그리고 기업분석을 하고 보고서를 작성한다. 그리고 달랑 기술과 아이디어만 갖고 있는 벤처기업에 대출 여부를 결정한다. 그러니까 정부 당국이 아니라 은행이 벤처기업의 사업성을 평가한 뒤 신용대출을 결정하거나 더 나아가 지분투자와 기업사무의 제반 행정 업무를 대신해주기도 한다. 이러한 시스템은 은행과 벤처기업의 공동투자인 셈이다. 만약 벤처기업이 성공을 거두면 당연히 그 과실은 함께 나눈다. 이러한 시스템은 금융과 산업이 사업의 파트너이고, 거기다 은행은 벤처기업가의 리스크 관리인처럼 보였다. 무엇보다 돈을 빌려준 은행은 벤처기업이 딴 짓을 하지 못하도록 견제하고 감독하며 경영의 묘를 살리고 있었다. 애플과 마이크로소프트, 그리고 페이스북이 실리콘밸리에 둥지를 틀고 성공한 것은 우연이 아닐 것이다.

이와 같은 실리콘밸리 시스템이 만들어지기 전에 먼저 급한 대로 창업보육센터가 정부로부터 창업지원금을 받아 입주업체들에 투자를 하고, 보육센터 졸업 후 수익금의 일정 비율을 창업보육센터에 납부하게 하는 방안을 생각해 볼 수 있다.

다음으로 생산제품 판로에 따른 애로는 수출에서 그 답을 찾아야 한다.

물론 창업보육센터가 입주기업이 생산한 제품을 수출할 수 있도록 적극적인 도움을 주어야 한다. 무엇보다 창업보육센터는 코트라(KOTRA: 무역진흥과 국내외 기업 간의 투자 및 산업·기술 협력의 지원을 통해 국민경제 발전에 이바지할 목적으로 설립된 정부투자기관)와 연대하여 코트라의 해외 조직망을 적극적으로 활용하여 수출을 모색해야 한다. 필요하다면 다국적 기업 혹은 해외의 기업과 제휴해 세계시장을 뚫는 글로벌 전략을 펼칠 수도 있을 것이다.

이러한 글로벌 전략으로 성공한 대표적 기업이 바로 다산 네트웍스이다. 통신장비업체 다산 네트웍스는 2009년 노키아지멘스네트웍스와 함께 인도 시장에 진출했다. 노키아지멘스네트웍스는 인도정부의 초고속통신망 증설 사업에 참여하고 싶어 했다. 노키아지멘스네트웍스는 턴키수주(전체수주)를 받고 싶은데 자사가 보유한 장비만으로는 그것이 불가능했다. 다산네트웍스의 장비로 자사의 약점을 채운 노키아지멘스네트웍스는 인도 초고속통신망 시장에 성공적으로 진출했다. 이 과정에서 다산네트웍스는 70억 원 규모의 통신장비를 수출했다. 뒤이어 노키아지멘스네트웍스는 일본 모바일 시장에도 진출했다. 노키아지멘스네트웍스와 파트너가 된 다산 네트웍스는 2010년 한 해 동안에 일본에 600억 원어치의 통신장비를 수출했다.

또 다른 예를 하나 들어보자. 산업용 테이프를 생산하는 한남하이텍이라는 회사는 2010년에 미국 에브리 데니슨(Avery Dennison)사와 총 300만 달러에 이르는 구매계약을 체결했다. 에브리데니슨은 소재 및 화학제품을 생산하는 세계적인 회사로 종업원이 3만 5천 명에 달하는 대기업이다. 한남하이텍의 기술력을 인정한 에브리데니슨은 자동차 소음 방지용 테이프를 공동개발 하자는 제안을 했다. 자동차 소음 방지를 위한 테이프는 3M

도 만들지 못하는 제품이다. 만약 개발에 성공하면 에브리데니슨 사는 미국과 유럽의 주요 자동차 제조사에 우선적으로 공급할 계획을 세웠다.[4] 말하자면 판로를 고민할 필요가 없는 공동개발인 셈이다. 현재 한남하이텍은 미국 에브리데니슨 사와 자동차 소음 방지 테이프를 공동 연구개발하고 있다.

중소기업의 글로벌화는 위의 사례처럼 쉽지 않지만, 성공했을 때 그 과실은 크고 달콤하다. 전체 매출 대비 수출 비중이 절반 이상인 중소기업의 영업이익률은 8.22%로 내수에 치중했을 때의 5.54%보다 훨씬 높다. 중소기업이 수출을 해야 하는 이유가 바로 여기에 있다.

앞에서 우리나라 중소기업과 해외 대기업의 공동협력 및 공동 연구개발의 사례를 보았다. 이보다 더욱 바람직한 것은 우리나라 대기업과 중소기업 간의 공동협력 및 공동 연구개발이다.

돌이켜보면 대기업과 중소기업 사이의 공정한 경쟁 및 협조관계를 구축해야 한다는 반성이 일어난 것은 외환위기 이후 대기업과 중소기업의 양극화 문제가 수면 위로 떠오르면서부터였다. 글로벌 경쟁의 가속화 등 급변하는 경제 환경도 대기업과 중소기업의 협력 필요성을 부추겼다. 나아가 중소기업의 경쟁력이 곧 대기업의 경쟁력으로 직결된다는 인식이 생겨나기 시작했다. 상생협력은 대기업과 중소기업 사이의 신뢰를 전제로 한다. 그러나 대기업은 우월한 지위를 이용해 중소기업에 대해 기술착취, 납품단가 인하와 같은 불공정행위를 해왔다. 그러자 정부는 공정거래위원회를 중심으

---

4) 매경이코노미. 글로벌기업과 제3국 진출. 2011.1.5

로 공정거래를 통한 상호신뢰 구축 작업을 본격화했다. 공정위는 거래 감시 기능을 강화하기 위해 하도급 거래 조사 대상을 크게 확대하는 한편 공정거래를 상습 위반하는 업체에 대해서는 현장조사를 하고 법 적용을 엄격히 했다. 특히 기술관련 불공정 거래를 막기 위해 '상생협력 촉진법'을 개정했다. 이 법 개정의 골자는 납품업체가 직접 대기업에 기술자료를 주는 대신 은행금고 등 안전한 제3의 기관에 기술자료를 예치하고 일정 조건이 충족되었을 때에만 대기업이 그 자료를 열람할 수 있게 하는 '기술자료예치제도'를 도입했다.[5]

하지만 참여정부의 이러한 시도에도 불구하고 2차, 3차 협력업체들은 상생협력의 과실을 전혀 나눠 갖지 못하고 있다. 대기업 납품단가 인하요구가 1차 협력업체를 통해 2차, 3차 협력업체로 전가되고 있는 것이다. 결과적으로 참여정부의 상생협력촉진법은 빛 좋은 개살구에 지나지 않았던 것이다.

내가 조사한 바로는 하도급 문제의 핵심으로 '빨대효과'를 지적하고 싶다. 대기업의 경비절감을 모두 중소기업과 노동자들에게 떠넘기고 있다. 이는 빨대를 꽂아 단물을 다 빨아먹어버리는 것으로 하도급 기업들이 경기침체기를 버텨내기 어렵다. 대기업은 막대한 수익을 올리고 있는데도 하도급 기업들은 죽겠다고 아우성치고 있고, 일감이 부족한 중소기업은 그마저도 좋으니 일감을 끊지 말아달라고 대기업에 애원하고 있는 게 현실이다. 공정거래위원회는 중소기업의 억울함이나 애로사항을 해결하는 데 전혀 도움이 되지 않고 있다. 설령 그런 의지를 보인다 해도 조사니 어쩌니 해서 시간만

---

5) 노무현과 참여정부 경제5년. 한스미디어, 2009.

끌 뿐 근본적 해결책이 되지 못한다.

그래서 나는 제안한다. 불공정 거래에 대한 공정위의 전속 고발권을 폐지하고 차라리 검찰이 직접 불공정 거래를 수사할 수 있도록 해야 한다. 그러기 위해서는 무엇보다 검찰의 독립성이 전제가 되어야 한다. 그리고 피해를 본 중소기업은 직접 손해배상을 청구할 수 있도록 하고, 손해액의 열배에 달하는 배상을 하도록 하는 징벌적 손해배상제도를 법제화해야 한다고 본다. 여기에 덧붙여 상당수의 대기업이 자사에 납품하고 있는 중소기업이 다른 기업과 거래하는 것을 막고 있는데, 이 또한 불공정거래에 포함시켜 취급해야 함이 마땅할 것이다. 아무쪼록 나의 이러한 주장이 공허한 메아리로 되돌아오지 않기를 바랄 뿐이다.

중소기업과 대기업의 상생(相生)

부품과 소재 분야는 제조업의 기초산업인 동시에 중소기업 육성을 위해서도 매우 중요한 분야이다. 왜냐하면 이 분야가 발달해야 산업 전반의 기술력이 높아진다. 예컨대 중소기업은 금형, 주물, 용접, 열처리, 표면처리, 금속가공 기술 등의 분야에 특화되어 고도의 기술력을 갖추고 있다. 자랑은 아니지만 내가 세운 회사 '효창산업'도 주물 분야에 누구도 따라올 수 없는 고도의 기술력을 갖고 있다. 이러한 전문 중소기업이 생산한 제품은 그 기술력이 대기업이 생산한 상품에 내재되어 우리나라 산업 전반의 위상을 높인다. 또한 중소기업은 그 특성상 대기업이 하지 못하는 다품종 소량 생산을 할 수 있다. 이런 특성과 장점을 살리기 위해서는 중소기업진흥공단 같은 기관이 적극 나서야 한다고 생각한다. 무슨 말이냐 하면 농협중앙회 같은 기관이 각 농가에 농업기술과 재배 작물을 권장하듯이 국산화 할 대상 품목을 정하고 그 품목이 국내에서 어느 정도의 수요를 갖고 있으며, 수출의 가능성을 조사해서 각 중소기업에 알려주는 노력을 기울여야 한다. 이를테면 '부품소재정보편람' 같은 것을 발간해서 중소기업에 무가지로 배포하는 것이다. 현재 기술을 개발하고자 하는 중소기업들은 국산화해야 할 품목과 그 품목이 국내와 국외에서 어느 정도 수요가 있는지 등에 대해 정확한 정보가 없다. 이런 정보가 정확히 제공될 때 비로소 더 많은 중소기업이 기술개발에 나설 것이며, 나아가 부품 소재의 완전한 국산화를 기대할 수 있다.

내친 김에 한 가지 더 지적하고 넘어가자. 부품 소재의 국산화가 성공하기 위해서는 국내 개발의 단계 뿐만 아니라 일단 개발된 부품과 소재가 충분히 수요기반을 갖출 수 있도록 세밀한 사후관리가 필요하다. 사후관리가 필요한 예를 하나 들어보자. 외국 업체들은 기술 이전을 하지 않은 채 제품의 독점 공급으로 막대한 이윤을 챙기다가 우리 기업이 국산화에 성공하면 곧장 덤핑 작전을 쓴다. 외국 업체가 저가 공세로 판로를 봉쇄하는 바람에 국산화 관련업체들이 막대한 투자비를 들여 개발한 제품을 사장시키는 경우가 심심찮게 발생하고 있다. 따라서 관계 당국은 해당 중소기업을 살리고 나아가 국익을 위해 국산화에 성공한 제품에 대한 외국제품의 덤핑을 방지하기 위한 대책을 강구해야 한다.

이 대책 마련은 이렇게 하면 된다. 먼저 우리나라 관세법을 개정해야 한다. 현재의 관세법은 우리 기업이 외국 기업으로부터 덤핑 피해를 당했을 때 이를 제소할 수 있는 길은 열려 있으나, 소송 제기 후 구제까지 너무 장시간이 걸려 법이 있으나 마나 한 실정이다. 덤핑으로 인한 피해 기업의 신속한 구제를 위해 우선적으로 국내에서 기업들이 이익을 찾을 수 있도록 법을 재정비해야 한다. 외국 기업의 덤핑공세에 피해를 입은 한국기업이 소송에 이기기 위해서는 입증책임 원칙에 의해서 피해를 입증할 수 있는 증거를 법원에 제출해야 한다. 그러나 소규모 중소기업에서는 이러한 자료를 수집할 수 있는 능력이 대부분 없다. 그래서 대개의 기업이 가만히 앉아서 당하고 있는 경우가 많다. 그러므로 정부의 관련부처와 업계, 협회, 조합 등에 의한 공동대응 방안이 제도적으로 강구되어야 한다. 그래야만이 피해를 입은 중소기업이 적극적으로 나설 것이고, 나아가 피해를 구제 받을 수 있다.

다음으로는 중소기업이 개발한 신제품을 사줄 수 있는 내수기반이 조성되어야 한다. 국산화에 성공한 품목의 구입에 대해 금융적 지원이 있어야 한다는 말이다. 국산화에 성공한 품목의 품질에 대한 국내 수요자들의 신뢰도는 낮은 편이다. 외제품을 선호하던 습관을 쉽사리 버리지 못한 탓으로, 국내 수요자는 타 업체가 사용하는 것을 기다렸다가 품질과 가격이 검증되면 그제야 구매에 나선다. 그래서 어떤 경우에는 최초 구매자가 나서지 않아 힘들여 개발한 제품이 사장되는 경우도 종종 있다. 그렇기 때문에 국산화에 성공한 제품의 최초 구매자에게 금융지원을 해야하는 것이다. 말하자면 국산제품 최초 구매자에게 구입자금 조달의 우선권을 주어야 한다.

직접 중소기업을 운영해본 경험으로 미루어보건대 이 문제를 해결할 수 있는 가장 좋은 방법은 개발업체와 수요업체가 공동으로 국산화에 뛰어드는 것이다. 이 방법은 개발에 따른 위험부담을 줄일 뿐만 아니라 제품의 국산화 후에 안정적 수요기반을 확보할 수 있다. 대기업과 중소기업 간의 공동개발은 개별기업으로 보나 국가적 이익으로 보나 최선의 방법이므로 관련 당국은 하루 빨리 이를 위해 적극적으로 나서야 한다는 게 내 생각이다.

대한민국이 중소기업을 육성해야 하는 이유는 그것의 여부에 따라 국가의 미래가 달려 있기 때문이다. 국운이 융성해져 세계 강국으로 부상하느냐 아니면 이대로 주저앉고 마느냐는 중소기업 정책과 그 실천 여하에 달려있다고 해도 과언이 아니다. 중소기업 육성책에 한국 경제의 미래가 다려 있다는 사실을 잊지 말아야 한다.

중소기업은 그 성격상 기술혁신을 누구보다 먼저 주도할 수 있다. 왜냐하면 중소기업은 그 고유의 유연성과 창의성, 그리고 위험 부담을 상대적으로 적게 할 수 있는 장점이 있기 때문이다. 중소기업이 활성화된 미국의 경우 중소기업 종사자 1인당 특허 건수는 대기업에 비해 14배나 높다. 이처럼 역동적인 중소기업은 오늘 이 시간에도 성장을 거듭하는가 하면 반대로 소멸하기도 한다.

중소기업이 생산한 품목의 시장은 대개 과점형 시장이다. 다시 말해 부품을 사가는 대기업 수에 비해 부품을 생산해서 모기업에 파는 중소기업의 수가 월등히 많다. 따라서 중소기업은 대기업과의 가격협상에서 항상 불리한 위치에 놓인다. 이는 생산품에 제 값을 받지 못하는 구실이 된다. 이것은 또 경쟁력 확보를 위한 중소기업의 인력개발, 기술개발, 시장개척 등에 대한 투자를 어렵게 만들어 전체적으로 경쟁력 저하로 이어진다. 나아가 낮은 납품가격은 대기업과 중소기업이 공동으로 얻어야 할 부가가치를 대기업이 전횡하는 결과를 낳는다. 이런 불합리성은 대기업과 중소기업 사이의 신뢰에 금이 가게 만들어 결국 동반성장을 불가능하게 만든다.

실제로 중소기업을 경영해보면 이처럼 안타까운 일을 수도 없이 맞닥뜨리게 된다. 나는 이런 문제에 대한 대책으로 납품기업이 원자재 가격 변동에 대한 헤지(hedge)를 할 수 있는 제도적 장치가 있어야 한다고 생각한다. 헤지란 가격변동에 따른 위험을 줄이거나 제거하기 위해 하는 또 다른 거래를 말하는데, 원래 뜻은 위험을 회피한다는 말이다. 원래 거래에 파생된 또 다른 거래, 즉 헤지거래는 큰 이익은 바라지 않고 단지 위험 회피만을 위해 하는 거래로, 원자재 가격의 변동이 납품기업의 재무 상황에 별다른 영향을 미치지 않도록 하기 위한 자구책이다.

그런데 현실적으로 중소기업이 선물거래를 통해 원자재 가격 변동을 헤지 하는 것은 쉽지 않다. 또한 모기업인 대기업이 헤지로 인해 발생하는 비용을 납품가격에 반영해 줄지도 미지수다. 아무튼 상황이 이렇다 보니 지금까지 중소기업은 원자재 가격 변동이 발생하면 그 변동 분을 꼼짝없이 떠안는 손해를 감당해 왔다. 넓은 의미에서 이는 불공정 거래의 한 유형이다. 문제가 심각해지자 정치권은 마침내 2011년 3월 임시국회에서 '납품단가 조정 신청제'를 내용으로 하는 하도급법 개정안을 통과시켰다. 그 법안의 내용은 원자재 값이 올랐는데도 대기업이 납품단가를 올려주지 않으면 중소기업협동조합이 대신해서 납품단가를 올려달라고 요청할 수 있는 제도이다. 그런데 이 제도는 이름만 그럴듯한 유명무실한 제도가 되고 말았다. 그도 그럴 것이 지금까지 해온 언행으로 미루어 중소기업협동조합이 조합원의 이익을 진정으로 대변하고 있는 단체인지 의심스럽고, 설령 그런 요청을 했다 하더라도 대기업이 그 요청을 들어주지 않으면 강제할 수단이 없기 때문이다.

나는 이 문제를 해결할 방안으로 납품가격의 원자재 가격 강제 연동제를 제안하고자 한다. 무슨 말이냐 하면 원자재 가격에 변동이 발생하면 그 변동분을 납품가격에 반영하여 납품가를 강제로 조정하는 것이다. 물론 원자재 가격이 하락하면 중소기업의 납품가는 그만큼 내려간다.

또 다른 방법은 납품 중소기업의 담합을 인정하는 것이다. 담합은 불법이다. 하지만 노동조합이 생기게 된 역사적 배경과 취지에 빗대어, 대기업과 힘의 균형을 맞추기 위해서 예외적으로 중소기업의 담합을 인정하자는 것이다. 납품가격이 낮게 책정되는 것이 수요자인 대기업의 독과점적 지위로 인한 것이라면 중소기업도 이에 맞서 일종의 사회적 자기보호권 차원으로 담합을 허용할 필요가 있다고 본다. 그렇게 된다면 중소기업의 협상력은 증대되고, 대기업과 대등한 관계에서 납품가격을 결정할 수도 있을 것이다. 공정거래법 제19조 2항은 '거래조건의 합리화'를 목적으로 공정거래위원회의 인가를 받은 경우에 중소기업의 담합이 허용하고 있다. 그런데 지금까지 이러한 담합이 허용된 예는 거의 없다.

중소기업과 대기업 간의 분쟁 해결

　우리나라 중소기업 사장들은 필요 이상으로 거래의 상대방이 좋은 사람인지 나쁜 사람인지, 약속을 잘 지키는 기업인지, 그렇지 않은지에 대해 나름대로 조사하고 탐색하는 데 시간과 노력을 낭비한다. 어째서 그런 데 시간과 정열을 낭비하느냐 하면 행여 일어날지 모르는 분쟁을 피하기 위한 심리 때문이다. 다시 말해 좋은 파트너를 만나면 분쟁 따위는 잘 일어나지 않을 거라는 믿음이 작용하고, 만약 분쟁이 생겼을 경우에 법정에 가야만

하고, 그 시비를 가리는 데 적잖은 비용과 시간이 소모되기 때문이다. 우리나라 중소기업은 분쟁이 발생한 경우 민사보다는 형사사건으로 문제를 해결하려 한다. 왜냐면 형사사건으로 고소하면 그 해결이 빠르기 때문이다. 또 분쟁을 법원을 통해 해결하려 하기보다는 청와대 등 고위 기관에 진정서를 넣는 등의 방식으로 억울함을 하소연한다.

그러나 중소기업 사장들은 법률을 잘 모르거나 전문 인력이 부족하여 대기업의 불공정 거래에 대해 속수무책으로 당하는 경우가 대부분이다. 이를테면 기술을 빼앗기거나 계약의 일방적 파기로 큰 손해를 입고도 손해배상의 길을 찾기보다는 약자의 설움을 술로 푼다. 이는 법원의 문턱이 높은 탓도 있지만 법률에 문외한인 중소기업 사장들의 인식에 잘못이 있기 때문이기도 하다.

미국의 경우 비스니스 상대방의 상호 신뢰가 높은 이유는 거래에 있어 잘못이 밝혀지면 처벌이 크기 때문이다. 따라서 애초에 법적인 문제를 일으키지 않도록 각자 조심하며 법을 잘 준수한다.

미국은 비즈니스 법원이 독립되어 있지는 않지만 실제적으로는 델라웨어 주 법정이 비스니스 법원 역할을 하고 있다. 만약 어떤 회사가 델라웨어 주에 등록된 회사가 법적인 분쟁에 휘말린 경우에는 예외적인 경우를 제외하고 대체로 서류상으로 간편하게 재판을 진행한다.

우리나라는 행정법원과 특허법원이 따로 독립되어 있지만 기업 간의 분쟁을 전담하는 법원은 없다. 우리나라도 중소기업에 관한 법적 문제가 나날이 증가하고 있는 추세어서 이를 간편하게 해결할 수 있는 비즈니스 전문 법원을 설립할 필요가 있다. 현재 중소기업에 관한 분쟁은 민사소송법에 의거해서 민사재판으로 해결하고 있다. 재판에 관여하는 판사는 일정기간 민사재판을 담당하다가 다시 형사재판을 담당한다. 이런 시스템 하에서는 판사의 전문성을 쌓기가 어렵다. 게다가 판사 임용 시에 경영학이나 경제학적 기반이 있는 인재를 우대하거나 따로 임용하지 않는다. 키코(KIKO) 사건[6]처럼 복잡한 재판은 반드시 금융지식이 있거나 금융가에서 일한 경험이 있는 판사가 맡아서 재판을 해야 재판의 효율성을 기하고 정확한 판결을 기대할 수가 있다. 과거의 법관임용제도에서의 법관은 경영학이나 경제학을 접할 기회가 없었다. 기존의 사법연수원은 새롭고 복잡한 기업사건을 해결할 수 있는 능력을 가진 법관을 양성하기에는 한계가 있어 보인다. 미국의 로스쿨은 제각기 다른 전공자들이 들어와 법학대학원에서 법을 배우고 실무를 익힌다. 또한 경제학이나 경영학 전공자가 많은데, 이들이 활동할 수 있는 분야도 많다.

다행히 우리나라에도 몇 년 전부터 로스쿨 제도가 도입되어 교육 과정을 마친 법조인들의 활약이 기대된다. 로스쿨 제도가 성공하려면 특히 공업 관련 분야와 경제, 경영학을 전공한 학생들을 많이 뽑아야 한다.

---

6) 키코(KIKO)는 영문 Knock-in, Knock-Out의 알파벳 앞 글자를 조합해 부르는 명칭이다. 환율 변동에 따른 일종의 옵션 파생상품으로, 중소기업들이 수출입과 관련하여 환율변동에 따른 위험을 회피하기 위해 은행과 맺은 계약이다. 구체적으로 중소기업과 은행이 환율 상 · 하단을 정해 놓고 그 범위 내에서 지정환율로 외화를 거래하는 상품을 말한다. 환율이 약정한 범위에서 움직일 경우 가입 기업은 환손실을 피하고 차익도 얻을 수 있지만 그 범위를 벗어나면 큰 손실을 보는 파생금융상품이다.

나는 성공한 기업과 실패한 기업의 본보기를 잘 알고 있다. 먼저 성공한 기업의 사례를 들어보자. K기업은 식품가공 회사로 업계 1위를 고수하고 있다. 많은 식품 가운데 두부를 예로 들어보자. 두부는 식품회사가 반드시 제조해야 할 품목인 동시에 그 회사의 자존심이다. 그만큼 수요가 많을 뿐만 아니라 제조와 유통, 그리고 보존이 중요하다. 두부는 공장에서 만들어 내는 가공식품이면서 신선도를 유지해야 한다. K사를 넘어서기 위해 경쟁사들은 기술개발과 마케팅에 전력을 다 기울였지만 좀처럼 판매 격차는 줄지 않았다. 이는 단순히 K사가 타사보다 더 맛있는 두부를 생산하고 선전을 했기 때문이 아니다.

해당 업계 부동의 1위 비밀은 알고 보면 간단하다. 그것은 바로 하도급 기업과의 거래에 있었다. K사는 천연 두부응고제를 만들 수 있는 중소기업과 거래를 한다. G사는 화학응고제가 아닌 천연 두부응고제를 만들 수 있는 국내 유일의 중소기업이다. 이 G사는 K사 하고만 거래를 한다. K사의 경쟁사들이 좋은 조건을 제시해도 G사는 K사 하고만 거래한다.

그 사연은 이렇다. G사의 오랜 기술개발 기간을 K사는 묵묵히 기다려주었고, 천연 두부응고제 개발을 마친 뒤에는 개발비용이 충분히 회수될 수 있도록 약속한 가격 수준에서 구매해주었다. K사와 G사는 갑과 을의 관계에서 하도급을 받은 게 아니라 함께 경쟁력을 높일 수 있는 이른바 '깔끔한 구매'에 나섰기 때문에 결국 업계의 최종 승리자는 K사가 된 것이다.

나는 이 사례를 강연 등에서 기회가 닿을 때마다 인용한다. 사실 불황기일수록 저가구매는 뿌리칠 수 없는 유혹이다. 재료나 부품 등을 싸게 구매하면 당장 그만큼의 이익으로 돌아와 실적이 눈에 띄게 좋아진다. 늘 실적 압박에 시달리는 CEO나 임원들로서는 그 유혹을 뿌리치기가 쉽지 않다. 재료나 부품 등을 싸게 구매하면 품질 저하는 강 건너 불 보듯 예상할 수 있다. 그러나 당장 품질 저하가 눈앞에 보이는 게 아니라면 모른 척하고 싶은 욕망에 빠진다. 어차피 자신의 임기는 그리 길지 않다는 사실을 알고 있기 때문이다. 경쟁력 악화와 품질 저하는 바로 거기서 시작되고, 저가 구매가 반복되면 미처 인식하지 못한 사이에 기업은 서서히 병들어 간다. 그것은 마치 사람 몸에 생긴 암세포처럼 서서히 기업을 갉아먹는 것이다.

발상의 전환을 한번 해보자. 불경기나 불황은 역으로 기업의 구매전략을 점검하고 강화할 수 있는 최적기이기도 하다. 다른 기업이 단가인하에 몰두하고 있을 때 경쟁력 있는 협력사를 찾아내 신뢰를 쌓고, 장기적으로 모두 이익을 보는 관계를 형성할 수만 있다면 돌아올 호황기에는 새로운 시장의 지배자가 될 수 있다는 말이다.

그러므로 깔끔한 구매의 핵심은 거래가 아니라 '관계'라는 생각이 든다. 갑과 을이 장기적이고 전략적인 관계를 맺지 않고 단순 거래만 한다면 신뢰관계나 장기적 협력관계로 발전하기 어렵다. 그런데 만약 협력사나 공급사, 즉 을이 새롭고 혁신적인 제품이나 서비스를 개발했을 때라든가 비용절감 방법을 생각해냈다고 가정해보자. 이때 장기적 협력관계를 맺지 않은 기업에게 혁신적인 제품이나 서비스를 공급하겠는가. 근시안적 관점에서 신뢰와 협력관계를 맺지 않는 것이 당장에는 이익처럼 보이기도 하지만 장기적 안목으로 봤을 때 기업의 경쟁력을 높이고 도약하는 데 걸림돌이 된다.

기업의 구매는 단순한 물품 조달이나 거래가 아니다. 또한 단순히 물건이나 서비스를 사오는 것이 아니다. 협력사나 공급사로부터 사오는 것은 단순한 물건이나 서비스가 되어서는 안 된다. 그들의 경쟁력을 사와야 한다. 그러기 위해서는 협력사가 만드는 제품에 대한 높은 이해가 선행되어야 한다. 그러한 이해가 지속적인 관심과 장기적인 관계에서 나오는 것은 자명한 이치다.

나는 깔끔한 구매를 결혼에 비유하고 싶다. 서로 좋은 이성을 만나면 이해관계를 넘어 장래를 함께 도모할 협력 관계로 발전하고, 나아가 함께 배를 타고 험난한 파도를 넘어야 하는 운명적 관계로 바뀐다. 이런 관계가 맺어졌다고 해서 긴장의 끈을 놓아서는 안 된다. 결혼 상대방에 소홀하면 그 관계가 파탄으로 치닫듯이 대기업과 중소기업은 서로 부족하거나 개선해야 할 부분에 대해 서로 피드백을 주어야 한다.

그러면 이번에는 실패한 기업의 사례를 살펴보자. 얼마 전 뼈아픈 구조조정을 거쳐 겨우 살아난 미국의 한 자동차 업체를 예로 들겠다. 전문가들은 이 회사가 어려움을 겪는 이유는 다양하지만 품질이 떨어져 소비자의 신뢰를 잃은 게 가장 큰 문제였다고 입을 모았다. 세계에서 가장 잘 나가던 자동차회사가 왜 어느 순간 질이 안 좋은 자동차를 생산하는 회사로 전락했을까. 역시 그 비밀은 구매에 있었다. 오랜 기간 동안 이 회사는 협력업체들 간에 무서운 '갑'으로 군림했다. 불황이 찾아오면 곧바로 부품 단가를 낮추라고 협력업체에 압력을 가했다. 생산단가의 한계에 부딪힌 협력사들은 내구성이 떨어지는 제품을 만들면서 단가를 맞추었다. 당장 품질에는 문제가 없어 보였다. 하지만 몇 년 뒤 예상보다 빨리 고장 나는 자동차에 소비자들의 마음은 떠났다. 한 번 떠난 소비자들의 마음을 되돌리는 것은 새로운 시장을 개척하는 것보다 더 힘들다.

그러면 우리나라의 경우는 어떤가. 중소기업 경영자로서의 경험인데 오늘날 중소기업은 대기업에 발목이 잡혀 있다. 앞서 사례로 든 구매자와 협력사의 좋은 관계가 아니라 단순히 '갑'과 '을'이라는 강자와 약자의 관계일 뿐이다. 대기업의 단가인하에 아무런 항변도 저항도 못한 채 울며 겨자 먹기 식으로 제품을 생산하고 있다. 사정이 이렇다보니 새로운 제품이나 원가 절감 같은 시도는 언감생심 꿈도 못 꾼다. 이는 결국 중소기업의 손해인 동시에 대기업의 손해이기도 하다. 대기업은 경기가 안 좋을수록 깔끔한 구매를 해야 한다. 그러면 중소기업은 기술개발에 힘을 쓸 수 있고 제품의 생산비용을 절감하기 위한 연구를 할 수가 있다.

중소기업 사장을 해보면 국가경영이 얼마나 중요한지를 실감할 수 있다. 국가정책은 정치인이 의결하고 그 집행은 공무원이 한다. 정치인들과 공무원의 판단과 생각이 국가의 운명을 좌우할 수도 있으므로 국민은 눈을 바로 뜨고 정치인과 공무원의 활동을 눈여겨봐야 한다. 현재 유야무야한 옴부즈맨 제도를 활성화하거나 강화해야 한다. 옴부즈맨 제도는 국회를 통해 임명된 조사관이 공무원의 권력남용 등을 조사·감시하는 행정통제 제도인데, 필요하다면 공무원 뿐만 아니라 정치인의 권력남용 등을 조사·감시하는 새로운 옴부즈맨 제도를 만들 필요가 있다.

기업가들은 멀리 미래를 내다보며 사업을 해야 한다. 생산비용을 절감한다는 명목으로 너도나도 중국으로 공장을 옮기는 것은 안타까움을 넘어 국가의 장래가 걱정스럽다. 미래의 어느 날 국제적 환경이 돌변하여 중국으로 진출한 기업들이 중국 현지에서 더 이상 제품을 생산할 수 없는 환경이 되었을 때를 생각해보라. 국제관계가 악화되면 극단적으로는 생산은 커녕 투자비용조차 회수하지 못하게 될지 모른다. 만약 그것이 현실이 되면 개인과 기업의 파산을 넘어 국가의 파산으로 이어질 것이다. 그러므로 정부는 국내에 기업이 정주할 수 있는 여건을 조성해야 한다. 중소제조업이 뒷받침 되어야 대기업도 살고, 이것이 상생의 원리다.

나는 중소기업 CEO로 현장을 누구보다 잘 안다고 자부한다. 산업현장을 모른 채 정책을 입안한다는 것은 코끼리 다리만 만지고 코끼리를 그리는 행위와 다름없다. 중소기업과 관련해서 행해진 지금까지의 정치인 발언과 정책을 보면 그런 혐의를 지울 수가 없다. 중소기업 관련 정책은 중소기업 실태와 그 현장을 잘 아는 전문가의 도움을 받아서 행하여야 한다. 그 전문가가 직접 정치를 하고 정책을 집행하면 더 바랄 나위가 없다.

산업현장에 일할 사람이 없다는 말은 어제 오늘의 일이 아니다. 20·30대 기능공은 눈을 씻고 찾아봐도 보이지 않는다. 현장에서 일하고 있는 사람들은 대부분 50대 이상이고 그것도 비숙련공들이다. 내가 국립 부산기계공업고등학교를 졸업하고 조국근대화의 기수가 되어 산업현장에 들어갔을 때와 지금의 환경은 그야말로 하늘과 땅 차이다. 왜 이렇게 되었는가? 답은 간단하다. 정책이 잘못 되었고, 정치가 잘못 되었기 때문이며, 역대 대통령들이 국가경영을 잘못한 탓이다.

나, 우리, 국가, 세계, 그리고 중소기업

산업현장에 젊은이가 없다는 것은 국가의 미래에 암운이 드리우고 있다는 말과 같다. 하루빨리 이 암운을 걷어내야 한다. 그러기 위해서는 먼저 교육제도를 대폭 개편해야 한다. 대학입시를 위한 특목고 제도를 손질하여 과거 조국근대화의 기수를 배출했던 그때의 정신으로 되돌아가야 한다. 무조건 그때로 돌아가자는 말이 아니다. 먼저 고급 기능 인력을 귀하게 여기는 사회풍토를 조성해야 한다. 박사 학위와 기능장 인증서를 동일하게 우대하고 보수를 지급하는 정책을 발의해야 한다. 과거 나를 포함한 조국근대화의 기수들은 조국 근대화의 희생양적인 측면이 없지 않았다. 그 당시 국가정책은 중학교 때 수재 소리를 듣던 인재들을 전국 각지에서 뽑아다 기능공을 만들었다. 이들은 대학 진학을 포기하고 산업 현장으로 나가 저임금을 받으며 열심히 일했다. 그로부터 10년이 지난 후, 대학을 졸업한 친구의 연봉과 조국근대화의 기수로 산업현장에서 일했던 고급 기능사의 월급을 비교하면 거의 3배 정도 차이가 났다. 그 결과 오늘날 이른바 학력 인플레 현상이 나타났고, 이는 또 국력의 낭비로 이어졌다. 이래가지고는 지속적인 국가 발전을 기대할 수 없다. 하루빨리 급여정책을 손봐야 한다.

지금 대한민국은 그동안의 성장에 따른 피로증후군을 앓고 있다. 만성 피로증후군에 빠져서는 안 된다. 건강한 사람은 감기에 걸려도 하루쯤 푹 쉬고 나면 몸이 가뿐해져 다시 일터로 나간다. 대한민국은 건강한 나라이다. 성장에 따른 피로증후군은 곧 사라지리라 본다. 하지만 감나무 아래에서 감이 저절로 떨어지기를 기다리는 우를 범해서는 안 된다.

오늘날 국가경영의 형태를 보면 도무지 미래를 예측할 수 없다. 국가의 정책은 미래를 예측할 수 있어야 한다. 과거 '경제개발5개년계획'처럼 계획을 세우고 국가를 경영해야 할 필요가 있다. 경제개발5개년계획은 국민경제발전을 목적으로 5년 단위로 짜서져 추진되었고, 외국의 유수 언론들이 '한강의 기적'이라는 표현을 쓸 정도로 대성공을 거두었다.

나는 이 계획의 마지막인 5차 경제개발계획을 주목한다. 경제개발5개년계획을 주도했던 박정희 전 대통령은 이 계획을 마무리하지 못한 채 측근 김재규의 총탄을 맞고 유명을 달리했다. 내가 특별히 이 계획의 마지막 단계를 주목하는 이유는 고도성장에 따른 상처와 후유증이 예상되어 있고, 나아가 그것을 치유하고 갈무리하는 내용을 담고 있다는 점 때문이었다.

정부주도하의 경제성장에 따른 부작용으로 흔히 이런 점을 지적한다. 자본·기술·시장 등 경제의 대외의존도가 심화되었다는 것. 외채가 쌓이고 농업·공업간, 대기업·중소기업간 불균형이 심화되었다는 것. 또 계층 간 소득격차와 물가상승이 급격히 일어났다는 것. 하지만 가장 큰 문제점은 저임금·저곡가·장시간 노동에 기반한 수출공업화 정책으로 서민들을 희생시켰고, 선 성장·후 분배의 논리를 내세워 근로자의 생존권 투쟁을 탄압하는 등 경제적 민주주의를 후퇴시킨 점이다. 곪은 상처는 언젠가는 터진다는 말처럼 오늘날 경제민주주의 문제가 불거진 데는 다 그만한 이유가 있었던 것이다.

그런데 5차경제개발계획은 이러한 제반 문제점의 예상과 그 해결책을 담고 있다는 사실이 놀랍다. 제5차 경제발전계획(1982~1986)을 요약하자면 이렇다. 고용기회의 확대에 의한 소득증대와 소득 계층 간·지역 간 균형발전, 그리고 국민복지 증진에 목표를 두었다. 그 구체적 발전 전략으로 물가를 안정시키기 위해 구조적 인플레이션 요인을 대폭 정비한다. 또한 연간

7~8%의 지속적 성장을 위해 수출 주도적 정책을 계승하는 등 대외 개방정책을 더욱 적극적으로 수행한다. 비교우위산업을 집중적으로 육성하며, 국토를 균형 있게 개발하고 공업화에 따른 환경오염 방지에 노력한다. 마지막으로 국민의 기본적인 수요 충족과 인적 물적 사회개발을 적극 추진한다는 내용을 담고 있다. 이처럼 5개년목표를 세우고 정책을 추진해 나간 과거의 정부를 오늘날 정부는 벤치마킹해야 한다.

미래학자 제러미 리프킨은 멀지 않아 제3차 산업혁명이 올 것이라고 예견하고 있다. 과거가 석유의 시대였다면 미래는 재생에너지의 시대로 오늘날 불황은 석유 시대의 종말을 고하는 자연스러운 현상이라고 한다. 경제위기는 오래지 않아 극복되는데, 태양광 등 자연에서 얻어지는 에너지 산업의 활성화와 그에 따른 전후방 효과로 인류는 다시 한 번 산업혁명을 맞이하게 될 거라고 한다. 그의 예견이 맞을지 틀릴지를 떠나서 정부는 미래 산업의 동력이 무엇이 될 것인지를 예견하고 대비를 해야 한다. 정부는 기업과 민간에 예측 가능한 경제비전을 제시해야 할 의무가 있는 것이다.

중소기업의 중요성을 강조하는 것은 내가 중소기업 CEO여서가 아니다. 물론 팔이 안으로 굽는다는 말처럼 중소기업에 대한 나의 애정은 남다르긴 하지만, 국가의 장래를 걱정해서 진심어린 충고를 하는 것이다.

우리나라는 300만 개 이상의 중소기업이 있으나 대부분 영세한 소상공인 자영업자들이고, 매출 규모나 인력과 기술면에서 글로벌 경쟁을 하기에는 역부족이다. 컴퓨터 소프트웨어 산업의 예를 하나 들면, 6천여 개의 기업 중 연간 300억 원 이상 매출을 올리는 기업은 30여 개밖에 안 된다. 이런 현상은 부품 등 하드웨어적 생산을 하는 기업도 다르지 않다. 대만이나 중국에 비해 점점 열세에 놓이고 있다는 데 문제가 있다. 거기다 국내 대기업들이 중국이나 베트남 등 다른 나라로 공장을 이전하려고 있으니 참으로 답답한 노릇이다. 연간 상당한 양의 휴대폰을 생산해서 수출하지만 휴대폰 부품 회사는 중국이나 대만의 회사에 비해 규모나 수익 면에서 경쟁력을 점차 잃고 있다.

기업은 주식시장의 유상증자를 통해 투자금을 마련한다. 그런데 대주주는 그 지분이 희석되어 소유의 가치가 반감된다고 여겨 투자를 대체로 꺼린다. 중소기업이 자금을 조달하려면 대주주의 투자를 받아야 하는데 유상증자 외에는 딱히 방법이 없다. 그러면 중소기업은 어떤 방법으로 자금을 마련해야 하는가? 대만에서는 이런 경우 투자의 위축을 방지하기 위해 주식거래시장을 거치지 않고 중소 벤처 업체가 추가로 주식을 발행할 수 있으며, 대주주는 기존의 주식 가치보다 조금 낮은 가격으로 그 주식을 매수하여 지분을 늘릴 수 있는 제도를 마련하고 있다. 이처럼 대만의 중소기업은 과감한 투자와 인수합병 활성화를 통해 그 규모가 나날이 커지고 있는 반면에 우리나라는 정체 상태에 있다. 대만의 중소기업이 투자와 인수합병을 통해 규모의 경제를 실현하고 있는데 비해 우리나라의 중소기업은 나날이 경쟁력을 상실한 채 문을 닫고 있다. 우리나라의 경우에는 기업의 소유의식이 남달리 강하고, 인수합병을 당하면 사업에 실패한 것 같은 사회 분위기와 기업의 인수합병을 저해하는 각종 법과 시행령이 곳곳에 지뢰처럼 묻혀 있다. 이러한 법과 제도를 과감히 개선해야 한다. 더 나아가 중소기업청 같은 관련 기관이 개입하여 작은 회사의 인수합병을 권장하여 규모의 경제를 달성하도록 유도할 수도 있을 것이다.

2000년 전후에 벤처기업 거품이 붕괴된 이후 중소기업에 대한 투자는 위축되어 최근에는 창업하는 중소기업을 찾아보기 힘들게 되었다. 이를 극복하기 위해서는 창업의 분위기를 조성하는 일도 의미가 있지만, 개별 중소기업의 원활한 운영을 돕기 위한 대출 제도의 혁신이 무엇보다 필요하다. 중소기업이 자금을 융통하기 위해 시중 은행을 찾으면 대기업에 비해 높은 이자와 담보를 요구한다. 은행의 문턱은 서민들에게만 높은 게 아니라 중소기업에도 높다. 사정이 이렇다 보니 빈익빈부익부 현상은 국민 뿐만 아니라 대기업과 중소기업 사이에도 일어나고 있다. 정책적으로 기술력이 확보된 중소기업은 대기업 수준의 저리로 자금을 융통할 수 있어야 한다.

우리나라 중소기업이 중견기업으로 성장하지 못하는 것은 대한민국 중소기업 생태계에 투자보육 같은 금융기능이 제 역할을 하지 못하기 때문이다. 미국의 실리콘벨리에 있는 벤처캐피탈 회사는 구글과 야후 등 수많은 기업을 길러냈으며, 이 투자회사가 보육한 기업의 시가총액은 우리나라 증권거래소 규모와 맞먹을 정도이다. 중소기업 관련 정치인과 행정가들이 눈여겨 봐야 할 대목이다.

중소기업과 대기업의 상생(相生) 조건

　오늘 의미 있는 뉴스 하나를 각 매체가 앞 다퉈 보도하고 나섰다. 지난해 우리나라 10대 그룹 총매출은 946조 원으로 우리나라 전체 GDP의 76.5%에 달한다는 것이다. 10대 그룹의 GDP 대비 총매출의 비율은 2002년에 절반을 조금 넘어선 것에 비하면 괄목할만한 성장세가 아닐 수 없다. 불과 10년 만에 4분의 3을 넘어선 것이다. 따져보면 지난 10년간 우리나라 GDP가 1.8배 증가할 동안 10대 그룹 총매출액은 2.6배 늘어났다는 계산이다. 재계 1위 삼성그룹 총매출은 지난해 271조 원으로 우리나라 GDP의 22%에 육박했고, 2위 현대차 그룹은 12.6%를 차지했다.

　이렇듯 대기업의 경제력 집중도가 커진 것은 계열사끼리 일감을 몰아준 탓이다. 믿을만한 경제연구소의 통계에 의하면 10대 그룹 내부 거래 비율은 평균 34.6%에 이른다고 한다. 삼성이 53%에 육박하고, 현대차 그룹은 44%, SK가 38%로 그 뒤를 이었다. 자금력을 바탕으로 한 무분별한 문어발 식 확장이 이어져 지난 10년간 10대 그룹 계열사 수와 산업 각 분야의 진출 업종도 각각 두 배 가까이 늘어났다. 2012년 올해 전 산업분야의 매출에 대한 대기업 쏠림 현상은 사상 최고 수준에 이르고, 10대 그룹 총매출액은 1천조 원을 돌파할 것으로 보인다. 산업공단의 중소기업이 하루걸러 한 개씩 도산하고 있는 현실을 생각하면 참으로 답답하기만 하다. 요즘 시쳇말로 공단에서 재미 보는 사람은 지게차 운전사 뿐이라고 한다. 공장이 문을 닫으면 설비시설을 해체하고 그것을 실어 나르기 위해 지게차가 동원되기 때문이다. 불황에는 간판업자가 재미를 보는 이치와 비슷하다.

앞서 나는 순환출자 금지를 언급하며 왜 그렇게 해야 하는지를 밝혔다. 대기업과 중소기업 사이의 양극화를 해소하기 위해서는 중소기업의 생산성을 향상시키는 게 관건이다. 지금까지는 대기업 위주의 수출 주도형 성장이 중요했다면 앞으로는 중소기업이 다수 참여하는 산업 생태계의 방향 설정이 절실하다. 그래야 중소기업도 살고 국가 경제도 발전할 수 있다. 국민 대다수가 잘 사는 나라가 되어야지 상류층만 잘 사는 나라가 되어서는 안된다. 마찬가지로 중소기업과 대기업이 함께 상생하는 경제가 되어야지 대기업만 호황을 누리는 경제가 되어서는 안 된다.

나는 이렇게 말하고 싶다. 대기업과 중소기업의 격차가 지나치게 벌어져 있기 때문에 시소처럼 한쪽으로 기울어진 것을 바로잡는 게 경제민주화라고 말이다. 내 기억으로 2000년대 중반 이후 산업계 안팎에서 대기업의 문어발 식 확장이 중소기업을 위협한다는 비판론이 거세게 일었다. 특히 일부 대기업은 중소기업의 영역이라고 할 수 있는 제빵, 사무용품 등 제조업 분야에 깊숙이 침투해 비난을 자초했다. 어디 그뿐인가. 재벌 회장님의 자녀나 친인척에게 회사를 하나씩 만들어 주고 일감을 몰아주지 않았던가. 대기업이 기술을 개발하거나 새로운 시장 개척을 위해 투자하는 게 아니라 중소기업의 먹거리를 아무런 거리낌 없이 빼앗지 않았던가. 경제민주화 바람이 불 수밖에 없었던 환경이 만들어졌던 것이다.

대기업이 중소기업에 적합한 일감을 빼앗아간 것은 지난 2006년까지 정부가 고수해온 중소기업 고유업종제의 폐지에서 원인을 찾아야 한다. 대한 민국은 지난 1997년부터 시계, 안경, 우산 등 45개 업종에 대해 대기업의 진출을 막는 중소기업 육성책을 마련했다. 그런데 노무현 정부는 대기업 사장단과 경제연구소 및 각종 단체의 비판, 그리고 보수언론과 여론의 압박에 못 이겨 지난 2006년 중소기업 고유업종제도를 폐지했다. 중소기업 고유업종제도는 기업의 자유로운 영리 활동을 막을 뿐만 아니라 WTO(세계무역기구) 체제에 반한다는 게 그들의 주된 논리였다. 노무현 전 대통령의 말대로 권력은 자신에게 있는 게 아니라 시장에 있었던 것이다.

오늘에 이르기까지 역대 정부는 대기업과 중소기업의 격차 해소를 위해 노력하지 않은 건 아니다. 그동안 역대 정부는 수직적 거래 관계인 하청 구조를 개선하기 위해 노력했지만 실효를 거두지는 못했다. 그래서 이명박 정부는 대기업과 중소기업의 격차 해소를 위해 2010년 9월 민간 주도의 동반성장위원회를 만들었다. 동반성장위원회는 대기업과 중소기업이 참여하는 민간위원회로 출발했으나 양측의 견해차가 워낙 크다는 사실을 재차 확인했다. 심지어 대기업들은 동반성장위원회가 자유로운 경제활동을 제약한다고 볼멘소리를 내기도 했다.

결론적으로 동반성장위원회 활동은 처음부터 실패할 수밖에 없는 구조를 가지고 있었다. 왜냐하면 동반성장위원회에 참여하는 인사들은 대기업의 경우 CEO가 아니라 월급을 받는 임원들이 주로 참석하기 때문이다. 거기서 다루는 사안들은 대부분 민감한 경영에 관한 것들이고, 따라서 실질적으로 회사를 이끌어가는 회장님이 참석하지 않으면 어떤 결론도 이끌어

낼 수 없다. 월급쟁이 임원들은 동반성장 정책을 추진할 의지도 부족할 뿐만 아니라 권한도 제한 돼 있기 때문에 동반성장위원회의 활동의 효과는 그다지 크지 않은 것이다. 이 원탁회의가 성공을 거두기 위해서는 먼저 대기업 오너들이 직접 회의에 참석해야 한다. 하지만 아쉽게도 대기업 오너들은 이 원탁회의를 거부하는 경향을 보이고 있다. 대기업과 중소기업이 동반성장, 즉 상생하기 위해서는 먼저 대기업 CEO들의 인식이 바뀌어야 한다.

무엇보다 시급히 행해야 할 것은 통계조차 불분명한 영세 자영업자에 대한 정부의 정책적 배려이다. 현재 약 300만 개의 중소기업 가운데 270만 개가 소상공인들로 이들의 실태 파악조차 어려운 실정이다. 경제가 어려울수록 영세 자영업자는 늘어나기 마련이다. 따라서 정부가 적극적으로 발 벗고 나서서 이들의 도산을 막는 한편 경쟁력을 갖추기 위한 지원을 해야 한다.

나는 여기서 한 걸음 더 나아가 자영업자와 소상공인들의 원활한 사업을 위한 입법이나 청원 같은 것을 관계 당국이나 정치권에 전달할 수 있는 협의체 구성이 필요하다고 본다. 그 단체를 통해 산만한 견해를 한 데 모으고 NGO와 같은 목소리를 내야 한다. 자영업자와 소상공인 협의체는 정치인을 상대로 설익은 요구를 해서는 안 된다. 정부는 소상공인들을 지원할 실질적인 방법을 찾고 정책을 입안해야 한다. 무엇보다 이런 지원 사업은 법적 근거가 있어야 한다. 그래야만 정부의 지원이 집행력과 추진력을 가질 수 있다.

행정부 산하 기관인 중소기업연구원은 동반성장위원회가 추진하고 있는 중소기업에 적합한 업종 분류와 관련해서 서비스 분야의 적합 업종 선정을 진행하고 있다고 한다. 2011년에는 두부와 김치, LED, 재생타이어 등 82개의 제조업을 중소기업에 적합한 업종으로 선정한 바 있다. 그런데 내가 보기에 LED사업은 중소기업에 적합한 사업이 아니다. LED조명은 녹색 성장 시대의 새로운 아이콘으로 부상했고, 정부 당국은 전기 절약 차원에서 각 가정과 산업체의 조명을 LED로 교체할 것을 권장하고 있다. 그런데 LED사업은 초기에 많은 자본과 장기간의 투자가 필요하기 때문에 이 사업이 과연 중소기업에 적합한 사업인지 의심스럽다.

중소기업 정책이 탁상공론이 되지 않기 위해서는 무엇보다 현장과의 소통을 중시해야 한다. 생산 현장과 떨어져서는 이 분야를 제대로 알 수 없다. 경제민주화를 추진하는 여·야 정치권도 이 점을 깊이 인식했으면 좋겠다.

생산 현장에서 잔뼈가 굵어온 중소기업 전문가로서, 말이 나온 김에 우리나라 중소기업의 문제점과 앞으로 나아갈 방향을 짚고 넘어가자. 우리나라 산업 환경은 한마디로 이중 구조라 할 수 있다. 이중이라는 말은 별로 좋지 않다. 이중적이라는 표현은 겉 다르고 속 다르다는 뜻이 내포되어 있다. 우리나라 산업이 바로 그러하다. 대기업과 중소기업이 함께 있고, 이에 대응해서 매출과 이익의 격차가 너무나 뚜렷하게 나타난다. 한편으로 전근대적 방식인 가족 경영적 형태의 중소기업이 존재하는가 하면 고도로 발달한 경영기법이 적용되는 대기업이 있다.

이러한 이중구조 아래에서 대기업은 중소기업을 하청기업으로 이용하려는 경향이 뚜렷이 나타난다. 말하자면 중소기업은 대기업의 수족처럼 이용되고 있는 것이다. 이런 현실에서 중소기업은 최신 경영기법 도입은 고사하고 보다 진일보한 경영조차 불가능하다. 왜냐하면 중소기업을 하청업체로, 마치 수족처럼 부리는 산업 구조에서 그러한 노력이나 시도는 공허한 메아리처럼 되돌아올 뿐이다.

우리나라 대기업이 생산하는 품목을 살펴보면 독과점적 성격이 두드러지다는 것을 눈치 챌 수 있다. 독과점은 한 나라의 경제구조를 왜곡시킨다. 정상적인 시장에 의해 물건의 가격이 정해지는 게 아니라 공급자가 임의로

가격을 결정하고 가격 담합을 밥 먹듯이 한다. 당국에 담합이 적발되어도 과징금을 내면 그만이라고 생각한다. 과징금보다 담합으로 얻어지는 순이익이 훨씬 크기 때문에 담합은 근절되지 않는다. 이러한 독과점의 산업 구조 하에서 중소기업이 설 자리는 없다. 대기업이 서로 경쟁을 하는 구조에서 경쟁력 있는 중소기업은 더 좋은 조건과 가격으로 대기업에 납품할 수 있다. 하지만 독과점 구조 하에서는 중소기업 사장은 명색만 사장일 뿐 대기업 오너의 부하 직원일 뿐이다. 그도 그럴 것이 만약 대기업 오너의 명령을 거부하거나 토를 달았다가는 그나마 유지하고 있던 협력 관계마저 끊기기 때문이다. 이런 산업구조 하에서 중소기업은 성장은 커녕 위축만 될 뿐이다.

중소기업이 대기업의 하청기업으로의 전락에 따른 문제는 노동구조의 이중성으로도 나타난다. 중소기업 작업 현장에서 근속 노동자를 보기 어려울 뿐만 아니라 기술자와 숙련된 노동자도 귀하다. 반면 대기업에서는 노동자들의 공급 과잉 현상이 나타나고 있다. 대기업의 비정규직 노동자 문제는 한마디로 노동의 공급 과잉과 이에 따른 대기업의 왜곡된 고용 형태가 만든 산물이다. 대기업에서 일하려는 노동자가 많지 않다면 비정규직이라는 꼼수가 통하지 않을 것이다.

그렇다면 우리의 우방인 미국의 경우는 어떤지 보자. 작금의 미국 경제는 국가 채무의 증가로 문제가 많지만, 중소 벤처기업을 중심으로 경제 활력을 찾고 있다는 점에서 우리와 확연히 다르다. 대만의 경우도 마찬가지다. 대만 경제는 중소기업 중심의 경제를 갖춤으로써 내실 있는 발전을 꾀하고 있다.

우리나라 전체 경제에 대한 중소기업의 기여도는 고용, 생산 등 여러 방면에서 꾸준히 상승해 왔다. 1980년대부터 중소기업이 경제발전의 주역으로 등장한 뒤 제조업 분야의 고용 창출에 이바지했다. 그런데 이러한 중소기업이 최근들어 성장하기는커녕 오히려 퇴보하고 있다. 이 문제에 대한 답은 올해 사상최대의 순이익을 올린 대기업의 경영방침에서 어렵지 않게 찾을 수 있다. 그동안 부르짖었던 동반성장과 상생은 말잔치에 지나지 않았던 것이다.

과거 IMF구제금융을 서둘러 빠져나온 것은 중소기업의 기여가 컸다. 그럼에도 불구하고 우리나라 경제는 아직도 중소기업에 가혹한 구조를 가지고 있다. 중소기업이 제 구실을 하지 못하고 도산하는 일을 끊임없이 겪고 있는 것이다.

　보통 중소기업의 애로사항은 경영과 기술개발 단계에 고루 산재해 있다. 먼저 기술개발 단계부터 살펴보자. 이것을 쪼개보면 첫 번째 아이디어 기획 단계와 기술개발 단계, 제품생산 단계, 그리고 제품판매 단계로 나누어 볼 수 있다. 이 자리에서 일일이 그 단계의 문제점을 언급한다는 것은 지나치게 전문적인 분야이고 지면이 모자라므로 간략하게나마 언급해 보기로 하자.

　먼저 제품판매 단계는 주로 대기업 납품 과정에서 발생하는 문제점이다. 중소기업은 가용 자원의 제약으로 인해 대기업 납품을 중요한 매출 원천으로 잡을 수밖에 없다. 대기업 납품 실적이 있는 기업 중에서 87.4%가 납품 단가 인하 요구를 경험하였으며 24.5%가 납품 대금 지연 지급을 두 번째 애로 사항으로 지적했다. 설문 조사에 응한 기업인들 중에서 행여나 불이익이 오지 않을까 두려워 제대로 응답하지 않은 비율을 합하면 현실적 수치는 이보다 더 클 것이다.

대기업 납품과정에서의 애로사항

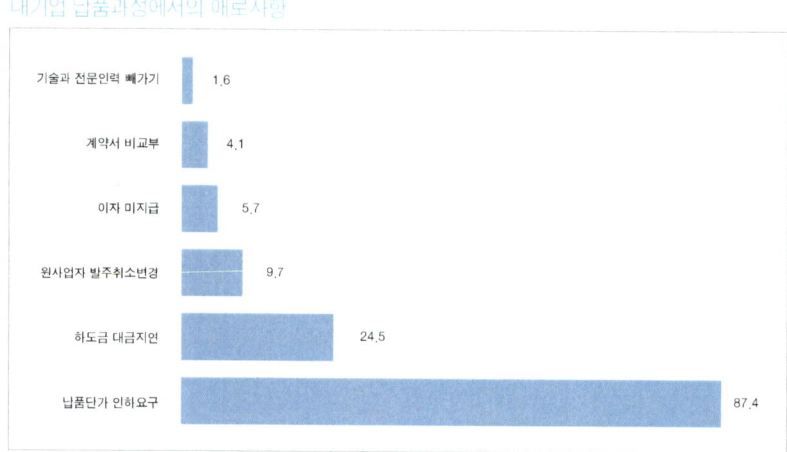

이런 결과는 정부가 불공정 거래를 완화시키고자 대기업과 중소기업 간의 상생 정책을 추진했지만 그 성과가 아예 없었음을 보여주는 증거이다.

대기업의 횡포는 이뿐만이 아니다. 제품의 원자재값 상승분을 반영해주지 않아 대부분의 중소기업이 그 손해를 고스란히 떠안고 있다. 예를 하나 들어보자. 내가 잘 아는 김 사장은 경기도 안산에서 골판지 포장지를 만들어 대기업에 납품한다. 골판지는 전자제품을 비롯해서 각종 공산품의 포장에 쓰이는 만큼 공급 업체도 많다. 김 사장은 최근 속이 타들어간다. 골판

나, 우리, 국가, 세계, 그리고 중소기업

지의 주원료인 폐지 값이 20% 이상 올랐기 때문이다. 골판지 상자 제조 원가에서 폐지 값이 차지하는 비중은 60%~70% 정도로 절대적이다. 여기에 설상가상으로 부자재 값도 뛰고 있다. 거기다 골판지 상자 접착제로 쓰이는 옥수수 전분 가격도 8% 정도 올랐다. 납품 단가가 제자리일 때 원자재와 부자재를 비롯해서 인건비, 운반비 등 오르지 않은 게 없다.

사정이 이런데도 대기업은 도리어 납품 단가를 올해 안에 5% 이상 내리라고 요구하고 있다고 한다. 김 사장은 근거도 없이 막가파 식으로 납품 단가를 낮추라고 압박을 가하고 있다면서 공장 문을 닫아야 할지를 고민하고 있다고 했다. 이처럼 중소기업들은 원자재 가격 상승분을 납품 단가에 반영시키지 못하고 있으며, 심한 경우에는 적자 생산을 예상하면서도 공장 설비를 놀릴 수 없어 울며 겨자 먹기 식으로 경영을 하고 있는 것이다. 중소기업 사장들은 동반성장위원회란 데가 무슨 일을 하는지는 잘 모르지만, 동반성장이란 말이 빛 좋은 개살구라는 것은 안다.

다음으로 기술개발 단계를 살펴보도록 하자. 기술개발은 주로 혁신형 중소기업에서 찾아볼 수 있다. 중소기업청의 통계에 의하면 일반 중소기업의 매출액 대비 기술 투자액은 2.14%에 머물고 있으나 혁신형 중소기업은 6.18%로 기술개발에 노력을 경주하고 있다. 그리고 혁신형 중소기업의 영업이익률은 7.9%이고 매출액 대비 수출비중은 32.8%이다. 이는 일반기업의 영업이익률 6.17%와 매출액 대비 수출비중 25.94%보다 높게 나타나고 있다. 이 통계치는 중소기업의 기술개발 중요성을 각인시키는 동시에 중소기업이야말로 국가경제의 중요한 성장 동력임을 나타내는 자료이다.

중소기업의 혁신적 기술개발은 다양한 형태로 이루어지고 있다. 기술개발에 따른 애로상항 중 가장 큰 부분은 기술개발 인력 확보가 어렵다는 것이다. 다음으로는 기술개발 자금의 부족과 연구 설비의 기자재 부족이다.

기술개발 인력 확보의 어려움에 대해서 앞서 누차 강조했다. 나는 그 대안으로 과거 박정희 정권 때 '조국근대화의 기수'를 양성했던 정책을 검토해 볼 필요가 있다고 말한 바 있다. 그리고 그 전제로 기술자를 대접하는 사회풍토가 조성되어야 한다는 점을 강조했다. 고급 기술 인력은 국가경제의 주춧돌 같은 것이다. 이것이 빈약하면 국가 번영을 기대할 수 없다.

중소기업은 기술개발에 따른 자금 조달에 어려움을 겪고 있다. 금융기관은 중소기업 대출을 확대하고 있다고 하지만 전체 기업 대출에서 중소기업 대출이 차지하는 비중은 점진적인 감소 추세를 보이고 있다. 우리나라 금융업은 외국계 은행의 시장 진입에 따른 경쟁 심화, 대기업의 대출 수요 감소, 가계 대출의 확대 등으로 인해 대출은 공급자 중심에서 점차 수요자 중심으로 바뀌고 있는 추세다. 하지만 여전히 중소기업 대출의 문턱은 높기만 하다.

우리나라 중소기업의 투자금 마련은 금융기관 대출과 신용보증기관의 보증서 발급 등에 의한 대출, 정부의 정책자금에 의한 자금 마련, 그리고 회사채 발행이 있다. 믿을만한 경제연구소의 통계에 의하면 우리나라 전체 중소기업 중 자금 조달에 실패를 경험한 기업의 비율은 43.6%에 달한다. 통계의 표본이 기업은행과 거래한 중소기업체에 한정되었기 때문에 실제로 자금조달의 실패율은 이보다 더 높을 것이다. 자금조달 실패를 분야별로 보면 신용보증기관의 보증서 발급 실패가 39.5%로 가장 높았고, 그 다음으로 은행에의 자금조달 실패가 38.6%로 높았다. 그 외에도 정부의 정책자금 확보에 실패한 기업은 19.7%에 달하고 있으며, 회사채 발행에 실패한 기업은

2.2%를 차지하여 상대적으로 낮았다. 이는 회사채 발행을 통한 자금조달이 금융기관의 대출 또는 신용보증기관의 보증서 발급보다 용이해서가 아니다. 그것은 중소기업이 자금조달의 수단으로 은행대출과 신용보증서 발급에 의한 대출을 주로 이용하기 때문으로 해석해야 한다. 즉 중소기업은 그 규모로 인해 회사채 발행에 상당한 애로가 뒤따르므로 상대적으로 회사채 발행 건수가 적고, 따라서 그 실패율도 적은 것이다. 대부분의 중소기업은 은행대출을 통해 자금을 조달한다. 특히 신생 벤처기업이나 소규모 기업들은 취약한 신용으로 인해 신용보증서를 발급받고 그것을 담보로 은행과 거래하지만, 이자와 원리금 상환을 제 때에 하지 못해 신용이 하락하기 일쑤다.

벤처기업의 기술개발비 조달 원천은 일반 중소기업과 약간 상이하다. 벤처기업의 기술개발 자금 확보는 자체 조달, 출연, 보조금, 융자금 및 출자로 구분할 수 있다. 자금 조달의 비중은 자체 조달이 81.3%를 차지하여 압도적 우위를 보이고 있다. 보조금은 11.7%로 다음으로 높고 융자금과 출자는 각각 4.8%와 1.6%로 상대적으로 적은 비중을 보이고 있다. 이 수치는 벤처기업의 경우 아이디어와 기술을 보유한 기술 개발자가 스스로 돈을 마련하는 경우가 대부분이라는 얘기다. 거꾸로 이 말은 아이디어와 기술을 가졌지만 돈을 마련하지 못하면 아무것도 하지 못한다는 말이 된다.

벤처기업의 기술개발 자금 문제를 효과적으로 해결하기 위해서는 융자금과 출자 비중을 높이는 방안이 요구된다. 하지만 현실적으로 융자금은 은행 대출과 그 성격이 비슷하다. 중소기업 또는 벤처기업의 기술개발 자금 조달을 확대할 방안은 출자 형태에 의한 자금조달이 비교적 용이하다. 하지만 출자는 주식발행 형태를 띠어야 하는 제약이 뒤따르므로 그 또한 쉽지 않다.

그러면 이쯤에서 미국의 실리콘밸리의 예를 들어보자. 실리콘밸리의 중소기업은 그곳 은행들이 후원자 역할을 한다. 실리콘밸리 은행과 코메리카 은행이 대표적이다. 정보기술(IT)·소재·에너지 분야 등의 유망 벤처기업이 이 은행의 주된 고객들이다. 벤처기업가는 은행으로부터 설비자금을 무담보 신용대출 받는다. 또한 공장부지 확보를 위한 절차와 환경 기준 충족, 지방정부의 인허가 등에 이르는 서비스를 은행으로부터 지원받는다. 이때 은행은 벤처기업의 사업성 조사와 정보 수집, 그리고 기업분석을 하고 보고서를 작성한다. 그리고 기술과 아이디어만 갖고 있는 벤처기업에 대출 여부를 결정한다. 그러니까 정부 당국이 아니라 은행이 벤처기업의 사업성을 평가한 뒤 신용대출을 결정하거나 더 나아가 지분 투자와 제반 행정업무를 대신해주기도 한다. 이러한 시스템은 은행과 벤처기업의 공동투자인 셈이다. 만약 벤처기업이 성공을 거두면 당연히 그 과실은 함께 나눈다.

몇 년 전에 내가 방문한 기업의 예를 하나 들어보자. 실리콘밸리에 위치한 그 벤처기업은 전기 소재와 컴퓨터 모듈을 개발해 온 창업 초기의 유망 기업이었다. 아직 매출과 수익은 변변치 않았지만, 창업과 성장을 적극적으로 지원하는 실리콘밸리 시스템의 도움을 받아 첨단기술을 개발했고, 창업한 지 몇 해 지나지 않았음에도 불구하고 세계적 기업으로 발돋움하고 있었다. 이처럼 벤처기업들이 돈과 시간에 쫓기지 않고 미래를 향한 기술개발에만 매진할 수 있는 것은 그 지역 은행이 벤처기업에 무담보 신용대출을 해주는 동시에 후견인이 되는 시스템이 있기에 가능한 것이었다.

내가 본 실리콘밸리에서는 금융과 산업이 사업의 파트너 같았고, 은행은 벤처기업가의 리스크 관리인처럼 보였다. 또한 은행은 벤처기업이 딴 짓을 하지 못하도록 견제하고 감독하는 경영의 묘를 살리고 있었다. 애플과 마이크로소프트, 그리고 페이스북이 실리콘밸리에 둥지를 틀고 성공한 것은 우연이 아닐 것이다.

반면에 우리의 현실은 여전히 구태를 벗어나지 못하고 있다. 은행들은 올해 10조원 이상의 사상 최대 순익을 올렸다고 한다. 이런 잔치의 뒤에는 벤처기업과 중소기업들이 만성적인 자금난에 허덕이며 좌절하고 있다. 은행들은 편안하게 예금과 대출에 따른 마진 따먹기와 주택담보 대출에만 열중하고 있다. 실리콘밸리의 예에서 보았듯이 벤처기업에 무담보 신용대출은 꿈도 꿀 수 없다. 중소기업은 담보를 제공하고 대기업보다 훨씬 높은 이자율로 돈을 빌려야 한다. 은행이 중소기업의 후견인이 되는 시스템은 먼 나라 이야기일 뿐이다.

동반성장위원회, 중소기업청 등 공공기관은 상생을 강조하지만 되돌아오는 건 공허한 메아리 뿐이다. 미국의 실리콘밸리 같은 시스템 정착은 정부의 압박으로 될 일이 아니다. 은행들이 스스로 그 시스템을 선택하게 해야 한다. 어려운 벤처기업, 중소기업을 도와야 한다는 도의적 차원으로 접근해서는 안 된다. 철저히 자유시장의 원리 차원에서 이 문제를 풀어나가야 한다.

우여곡절 끝에 자금 문제가 해결되었다 하더라도 경영자의 기술개발 의지가 박약하면 중소기업은 성공할 수 없다. 기술개발을 성공적으로 수행하기 위해서는 경영자의 강력한 기술개발 의지가 있어야 한다. 어찌 보면 자금 조달보다 경영자의 의지가 더 중요하다고 할 수 있다.

다음으로 중소기업이 생산한 제품의 판매에 대해 알아보자. 제품의 판매는 수출과 대기업 납품, 공공기관 납품, 국내시장 판매 등으로 나눠볼 수 있다. 이중 가장 높은 비중이 해외시장 수출로 45.6%에 이른다. 그 다음으로 대기업 납품으로 25.5%를 차지하고 국내시장 판매는 18.3%이다. 그런데 이 통계는 중소기업체 수를 기준으로 한 것이고 금액을 기준으로 하면 다른 결과가 나온다. 즉 금액을 기준으로 하면 대기업 납품이 해외시장 수출보다 더 높다. 또 기업의 규모별로 보면 중기업의 해외시장 수출과 대기업 납품은 각각 22.1%와 40.5%로 나타났다. 이것을 도표로 표시하면 아래와 같다.

업체 수 및 금액 기준 판매처별 매출비중 비교 (단위 :%)

판매처	업체수 기준 비중	금액기준 비중		
		전체	중기업	소기업
해외시장 수출	45.6	13.6	22.1	12.0
대기업 납품	25.5	30.1	40.5	28.2
공공기관 납품	13.0	12.5	3.9	14.1
중소기업 납품	24.7	22.8	19.7	23.4
국내시장 판매	18.3	21.0	13.6	22.4

이러한 통계로 미루어 해외시장 수출의 경우 소기업보다 중기업이 우위에 있고, 벤처기업(소기업)은 대기업 납품을 통한 매출비중이 높았다. 이것은 벤처기업의 대기업 의존도가 높고 그만큼 종속 관계에 놓일 가능성이 크다는 뜻이다. 또한 대기업에 납품하는 중소기업에 예상치 못한 일이 발

생하여 그 거래 관계가 단절되면 기업에 미치는 영향이 막대하다. 따라서 소수의 대기업과 거래하는 중소기업은 대등한 관계를 유지하지 못하고 종속 관계로 전락될 위험성이 언제든지 있다. 그러므로 중소기업은 납품 수량을 나누는 한이 있어도 다수의 대기업과 거래 관계를 유지할 필요가 있다. 공정한 거래 관계의 유지를 위해 제약 요인을 사전에 차단할 필요가 있는 것이다.

근래 들어 경영 환경이 악화되자 대기업과 마찬가지로 중소기업은 해외 공장 설비로 눈을 돌리고 있다. 특히 고임금에 따른 경영 악화를 타개하기 위해 1990년대 초반부터 중국을 중심으로 해외에 설비투자를 시작했고, 오늘날까지 꾸준히 증가하고 있다. 최근에는 대기업의 적극적인 해외투자로 인해 전체 투자액에서 중소기업의 투자비중은 감소 추세를 보이고 있다.

그런데 중소기업의 해외 투자는 여러 가지 면에서 부정적인 결과를 가져온다. 해외 투자를 독려하는 정부의 시책은 처음부터 잘못되었다. 나는 처음부터 중소기업의 해외 투자를 반대했다. 왜냐하면 그 부정적 결과가 눈에 보였기 때문이다. 오늘날 비로소 나타나고 있는 해외 투자의 부정적 결과의 면면은 이렇다. 투자국의 평균 임금이 상승하여 저임금에 따른 원가 절감 효과를 더 이상 얻지 못하고 있다. 이처럼 투자국의 환경 변화는 제품의 생산 단가를 상승시켜 기업의 가격 경쟁력을 떨어뜨리고 이는 곧바로 매출 악화로 연결된다. 저개발국이 언제까지나 그 상태에 머물러 있을 것이라는 착각이 그릇된 판단을 하게 만든 것이다. 그리고 무엇보다 해외 투자는 외화의 낭비를 초래한다. 정부의 해외투자 권유는 애당초 잘못 꿴 단추였던 셈이다.

　얼마 전 러시아 연해주 극동연방대학에서 한·러 정상회담이 성사되었다.
이 회담에서 양국 대통령은 북핵 문제 등 남북 관계 개선과 경제 협력 강
화를 주요 의제로 놓고 협의를 벌였는데, 러시아 측은 남·북을 관통하는
가스관 매설 등 극동 시베리아 개발에 한국 측의 참여를 요청했다. 특히 베
링해 등 러시아 연안의 수산업과 관련해 한국이 수산 가공시설 투자를 늘
려주면 어획 쿼터량을 늘려주겠다고 제안했다. 또 양국 관광객들과 주재원
들을 위한 사증면제협정 등의 행정 실무 절차를 개시하고, 남·북·러를 연

결하는 가스관 사업과 철도와 전력 연결 사업을 함께 하자고 제안했다.

러시아와 무역을 하고 있는 나는 그 남·북 정상회담 소식을 듣고 가슴이 설레며 잠시 기대를 크게 가졌다. 하지만 그것은 어디까지나 기대일 뿐, 두 나라 관계가 진정으로 돈독해지려면 갈 길이 멀다는 생각이 앞섰다.

무엇보다 걸림돌은 그 사업들이 진행되기 위해서는 핵 문제 등으로 경직된 남·북 관계 개선이 우선 되어야 한다. 다시 말해 전제조건인 북한 핵 문제가 해결되면 남·북·러 가스관 연결, 전력과 철도 연결 등 러시아 극동지역에 한국이 적극적으로 진출할 수 있다는 얘기다. 그런데 우리 정부는 지금까지 한 결 같이 러시아와 경제 협력이 진전되기 위해서는 북핵 문제가 해결되어야 한다는 태도를 버리지 않고 있다. 여기서 나는 우리 정부가 북핵 문제에 유연한 태도를 가져야 한다고 강조하고 싶다. 북한의 경직된 태도에 맞서 덩달아 경직된 태도로 일관한다면 관계 개선은 요원하다.

나는 선 경제협력, 후 관계 개선도 생각해볼 수 있다고 본다. 하지만 사업에 관한 리스크를 회피하기 위해서는 투자에 앞서 위험을 분산하고 방지하는 협정이나 조약이 있어야 할 것이다. 무엇보다 한국과 러시아의 경제 협력은 국가의 경제적 이익 뿐만 아니라 결국에는 남북 관계 개선에 큰 도움이 된다는 사실을 잊지 말아야 한다.

러시아 내부 사정을 들여다보면 글로벌 금융위기 이후 경제력이 약화된 유럽 대신 아시아 쪽 경제 협력에 외교적 무게를 두고 있다. 한·중·일 등 동북아의 경제력이 유럽을 능가하는 상황이 된 것이다. 러시아로서는 시베리아 지역의 가스·석유자원을 개발해 동북아시아에 팔고 그 재원으로 극동·시베리아 지역의 산업화를 추진하려는 속셈이다. 그런 계산을 하고 있기 때문에 러시아는 남·북·러 가스관 건설 사업에 우리를 적극적으로 끌어들이려 하는 것이다.

북한이라는 장애물 탓에 러시아와의 경제 협력이 더디게 진행되는 반면에 중국하고는 속도가 점점 붙고 있다. 2012년 9월에 포스코와 현대그룹이 중국 훈춘(琿 春) 지역의 45만 평 부지에 국제물류단지를 조성하는 기공식을 가졌다. 훈춘은 중국·러시아·북한의 접경지대에 있는 도시로 두만강 유역 개발의 핵심이 되는 곳이다. 중국이 '동북아의 홍콩'으로 키운다는 얘기가 나올 정도다. 중국 당국의 계획대로 훈춘 물류단지가 완공되면 그곳이 중국 지린성·헤이룽장성 등 동북 3성에서 생산되는 원자재와 식량, 그리고 공산품이 모여 중국 동남부로 송출되는 허브가 된다.

훈춘 국제물류단지가 주목되는 것은 이 지역이 우리나라와 중국·러시아뿐만 아니라 북한도 참여하는 동북아 경제교역의 실질적 거점이 될 수 있기 때문이다. 중국은 수년 전부터 연안 지역 개발이 어느 정도 이뤄졌다고 보고 서부 대개발과 함께 동북 3성 개발을 추진해 왔다. 동북 3성의 막대한 자원 개발을 통해 새로운 성장 동력을 찾고 산업의 고도화를 이루어 내겠다는 것이다.

간과해서는 안 될 것은 우리나라로서는 훈춘 국제물류단지를 비롯해 두만강 개발 사업 참여를 통해 북방 진출의 강력한 교두보를 확보해야 한다는 것이다. 나는 이 지역 개발이 활기를 띨수록 당사국들은 더욱 긴밀한 협력 관계를 맺을 수밖에 없다고 본다. 말하자면 경제 협력이 정치적 협력 관계로 연결된다는 뜻이다. 이것은 한반도의 평화에 큰 효과를 기대할 수 있다. 북한의 입장에서 보더라도 그 사업은 경제적으로 큰 이익을 안겨다 줄 것이며, 나아가 남북한 물류 체계의 통합도 가능하다. 그리하면 남북한 경제 협력은 긴밀해지고 확대될 것이며, 이는 다시 정치의 협력을 유도할 것으로 전망된다. 정부는 당리당략을 버리고 대승적 견지에서 점차 다가오고 있는 기회를 놓쳐서는 안 될 것이다.

내가 러시아와 중국 등 북방에 지대한 관심을 가지는 것은 우리 민족의 미래가 그곳에 있기 때문이다. 우리민족의 역사는 남하하려는 북방 세력과 대륙으로 진출하려는 남방 세력의 다툼이라 해도 과언이 아니다. 역사의 교훈을 지혜롭게 이용할 줄 아는 자세가 필요하다.

나는 몇 해 전에 정부로부터 '백만불수출탑' 훈장을 받았다. 러시아에 컴퓨터 모니터를 수출해서 얻은 공로였다. 나는 시쳇말로 맨땅에 헤딩하는 심정으로 러시아 시장을 개척했다. 아무도 가지 않은 길을 가며 북방개척의 선구자라는 자부심을 가졌다. 지금도 일 년에 서너 차례 때로는 혼자 때로는 바이어와 함께 러시아 출장을 가는데, 그곳 관공서에서 내가 수출한 모니터를 볼 때마다 가슴이 뿌듯해지는 것을 느끼며 새삼 애국심이 발동된다.

나, 우리, 국가, 세계, 그리고 중소기업

Chapter 2

쏟아지는
별빛
아래에서

쏟아지는 별빛 아래에서

"어머니, 아버지, 저 기숙사로 돌아가고 싶지 않습니다."

"네가 지금 제 정신으로 하는 말이냐! 남자가 한 번 목표를 세웠으면 끝까지 가야지. 당장 가거라, 어서!"

고등학교 1학년 때였다. 방학을 맞이해 고향집으로 돌아온 나는 달콤한 시간을 보냈고, 다시 국립 부산기계공고 기숙사로 돌아가고 싶지 않았다. 친구들처럼 집에서 학교를 다니는 평범한 고등학생이 되고 싶었다.

아버지의 호통을 듣고서야 내가 무슨 말을 했는지를 깨달았다. 아버지는 줏대 없이 두루뭉술하고 순하여 남의 비위를 다 맞추는 분이셨다. 나는 그저 어린 마음에 무심코 하고 싶은 말을 했을 뿐이었다. 어머니는 어린 나이에 객지 생활을 하는 아들이 안타까워 연방 눈물을 훔치고 있었다. 나는 다시 아버지의 눈치를 살폈다. 그러나 아버지의 눈빛은 단호했다. 스스로 가지 않으면 내쫓기라도 할 기세였다. 나는 그길로 짐을 꾸린 뒤 차부로 갔다. 그리고 부산으로 가는 시외버스 안에서 나는 울었다. 우는 모습을 누가 볼까봐 고개를 돌린 채 줄곧 시선을 차창 밖 풍경에 두었다.

집을 떠나봐야 집이 좋은 줄 안다는 말은 틀린 말이 아니었다. 어머니가 해주는 밥맛을 느끼는 것도 좋았지만 무엇보다 친구들과 놀다보면 해 넘어가는 줄도 몰랐다. 고향의 모든 게 다 좋았다. 산도 들판도 사람들도, 보이고 소리 들리고 냄새 맡고 느끼지는 모든 게 다 좋았다. 유명한 수필가의 글 중에 이런 구절이 떠오른다. "고향에 가면 설령 모르는 사람이 뺨을 때릴 지라도 히죽히죽 웃음이 나올 것 같다." 그때 내 기분이 꼭 그랬다. 친구들과 놀다가 밭작물을 망가뜨려 야단치는 어른의 목소리도 정겨웠다.

고향을 등지고 부산으로 향하는 버스 안까지 아버지의 호통이 뒤따라왔다. "남자가 한 번 목표를 세웠으면 끝까지 가야지!" 나는 아버지의 뜻을 저버릴 수가 없었다. 목표를 달성하기 위해서는 마음이 나약해서는 안 되었다.

당시 국립 부산기계공고는 오늘날로 말하자면 특목고로 고 박정희 전 대통령이 고급 기술 인력을 양성하기 위해 설립한 학교였다. 전국에 그런 학교가 몇 개 있었는데 금오공고도 그 중 한 학교였다. 과거 경기고등학교 입시처럼 전국 각지에서 모여든 지원자들로 인해 경쟁률은 오늘날 특목고보다 훨씬 더 높았다. 합격해서 입학하면 수업료는 전액 무료였고 의무적으로 기숙사생활을 해야 했다.

나는 영암 시골에서 어려서부터 모범생 소리를 들으며 성장했다. 전라도 지역에도 이름난 공업고등학교가 있었지만 국립 부산기계공고만 못했다. 그래서 아버지는 나를 국립 부산기계공고에 시험을 치게 했고, 나는 가장 경쟁률이 높은 기계과에 보란 듯이 합격했다. 국립 부산기계공고 합격은 집안의 경사인 동시에 영암의 경사였다. 아버지는 읍내 술도가에서 막걸리를 받아오고 돼지를 잡는 등 마을 사람들에게 합격 턱을 톡톡히 냈다.

시험을 치기 위해 부산에 처음 당도했을 때를 잊지 못한다. 나는 눈이 휘둥그레진 채 하늘 높이 솟은 빌딩숲을 목이 아프도록 올려다보았다. 또 해운대 바닷가 인근 13만 평의 드넓은 부지에 자리잡은 교정과 조국근대화의 기수를 상징하는 교문의 거대한 탑은 또 얼마나 멋있었던지. 나는 지금도 그때를 생각하면 가슴이 쿵덕쿵덕 뛴다.

'조국근대화의기수' 라는 문구가 새겨진 교복 착용은 나의 자존감을 더한층 높여주었다. 교복 뿐만 아니라 실제로 조국근대화의 기수가 된 게 스스로 자랑스러웠다. 하지만 나는 난생 처음으로 부모와 떨어진데다 엄격한 규율을 지키며 사는 게 힘들었다. 그런 환경에 갑자기 떨어진 건 나 혼자만이 아니었다. 전국 팔도에서 모인 전교생 모두 나하고 같은 처지였다. 어린 나이였지만 동병상련이란 말뜻을 그때 정확히 이해했다.

강원도에서 유학 온 박광우란 친구가 떠오른다. 그 친구와 나는 입학시험 때 처음 만났는데, 변변찮은 외투 탓에 추워서 벌벌 떨고 있었다. 입학시험을 치러 온 아이들은 도시에서 왔는지 시골에서 왔는지 한눈에 구별되었는데, 나는 직감적으로 박광우는 나보다 더 깡촌 출신이란 걸 알아보았다. 아닌 게 아니라 그는 하루에 버스가 한 대밖에 왕래하지 않는 강원도 두메산골이 고향이었다. 나는 그런 광우가 만만했고, 내심 합격하기를 바랐다. 결국 광우는 배관과에 합격했다.

나는 빈틈없이 짜인 시간표대로 공부하고 실습했다. 그러다 토요일 오후나 일요일이 되면 어김없이 향수병이 도졌다. 광우와 나는 학교 양지바른 곳에 쪼그리고 앉아 고향 이야기를 서로 주고받으며 외로움과 그리움을 달랬다. 나는 부모님이 다 계셨지만 광우는 어머니가 이 세상에 계시지 않았다. 그래서 그런지 광우는 어머니를 유독 그리워했고 어느 때는 닭똥 같은 눈물을 뚝뚝 떨어뜨렸다. 나는 광우를 위로하기 위해 주머니를 털어 매점에서 우유와 빵을 샀고, 우리는 그게 너무 맛있어 언제 그랬냐는 듯이 히죽거렸다. 돌이켜 생각해보면 그 시절 나는 광우에게서 위안을 많이 받았다. 어머니를 그리워하는 광우의 모습은 곧 내 모습이었고 광우의 눈물은 곧 내 눈물이었다. 그러니까 광우는 나를 대신해서 어머니를 그리워하고 울었던 것이었다.

학교 생활에 완전히 적응한 나는 2학년 때부터 학도호국단 간부로 활동했다. 바다와 육지에서 간첩이 시도 때도 없이 출몰하던 때여서 고등학생들에게도 기초적인 군사훈련을 시켰다. '교련'이라는 과목이 있었는데, 그 시간은 군사훈련을 받는 시간이었다. 군복의 일종인 교련복을 입고 제식 훈련 뿐만 아니라 총기 분해 및 조립을 배웠다. 내가 학도호국단 간부가 된 것은 순전히 키가 컸기 때문이 아닌가 싶은데, 전교에서 나보다 큰 친구는 몇 명 없었다.

나는 학도호국단 간부를 하면서 리더십의 의미를 어렴풋이 알게 되었다. 그리고 언제부턴가 모르게 막연하게 지도자의 꿈을 꾸었다. 지도자는 자질이 있어야 하는데 내가 그때 학도호국단 간부로서 자질이 있었는지는 잘 모르겠으나 학도호국단 간부의 경험은 훗날 사업을 하는 데 소중한 자산이 되었다.

회사를 경영한다는 것은 크고 작은 결정의 연속이다. 그러한 결정에 앞서 판단을 해야 한다. 판단이 잘못되면 결정도 잘못 내린다. 열 번 가운데 다섯 번 이상 결정을 잘못 내리면 그 회사는 오래 못가 문을 닫아야 한다. 이것은 냉혹한 사업의 생리이다. 그러한 판단과 결정 중 많은 경우가 조직 관리에 관한 일이다. 중소기업을 경영하는 것도 이럴진대 하물며 나라를 경영하는 일은 오죽하겠는가.

어떤 지도자를 뽑느냐에 따라 그 나라가 흥하기도 하고 망하기도 한다는 것을 역사가 잘 말해주고 있다. 진정한 리더는 조직이나 집단을 힘으로 다스리는 게 아니라 권위로 다스린다. 권위와 권력은 매우 다른 종류의 힘이다. 권력은 강제적인 힘인 탓에 조직의 구성원은 자발적이 아니라 어쩔 수 없이 지휘와 통솔에 따른다. 반면에 권위는 지도자가 타의 모범이 되어 조직 구성원 스스로가 지도자를 존경하여 지시를 따르고 이행한다. 이 두 가지 통솔 방식은 비슷한 것 같지만 위기가 닥쳐오면 확연히 차이가 난다. 두말할 나위 없이 권력적 통솔은 그 조직이 와해되고 권위적 통솔은 위기를 무난히 극복한다. 또한 비 온 후 땅이 굳어지고, 소나무는 한 겨울 눈이 와야 그 푸름을 알 수 있다는 말처럼 위기는 도약을 위한 발판이 되고 인재를 발굴할 수도 있다.

나, 우리, 국가, 세계, 그리고 중소기업

돌이켜 생각해보면 지도자의 꿈은 이미 중학교 때 꾸었다. 그것이 정치 지도자인지 기업을 경영하는 지도자인지 분명하지 않았지만, 아무튼 나는 많은 사람들에게 영향력을 미치는 인물이 되고 싶었다. 어떻게 살 것인지를 고민하기 시작하는 사춘기 때 내 삶의 좌표는 그렇게 설정되었다. 그 누구의 영향도 받지 않고 스스로 선택한 삶의 방향이었다.

말이 나온 김에 그 시절 이야기를 좀 더 해보자. 나는 중학교 3학년 때 총학생회장 선거에 출사표를 던졌다. 나는 운동장에 구령대 위에 올라 선생님들과 전교생들이 지켜보는 가운데 일장연설을 했다. 그때 무슨 말을 했는지 무슨 공약을 걸었는지 하나도 기억나지 않지만 나를 향해 쏠린 수백 명의 시선만큼 또렷이 기억난다. 투표 결과는 낙선이었고 나는 처음으로 인생의 쓴맛을 보았다. 이후 성인이 되어 국회의원 경선에 출마하여 쓴맛을 보았지만 나는 좌절하지 않았다. 그때 낙선을 반면교사 삼아 패배의 원인을 분석하고 훗날을 기약했다. 그러니까 중학교 때 총학생회장 출마의 낙선은 일종의 예방주사였던 셈이다.

앞서 말했듯 내 고향은 영암아리랑으로 유명한 전라남도 영암이다. 그 노래를 부른 가수 하춘화 부친의 고향이 영암이다. 그러니까 하춘화가 영암아리랑을 부른 데는 그만한 까닭이 있었던 것이다. 노래는 이렇게 시작된다. "달이 뜬다 달이 뜬다 영암 고을에 둥근 달이 뜬다 월출산 천왕봉에 보름달이 뜬다 아리랑 동동 쓰리랑 동동 에헤야 데헤야…" 이 노래 가사처럼 달은 월출산 천왕봉에서 뜬다. 월출산은 해발 809m로 높지는 않지만 산세가 수려하다. 깎아지른 듯한 기암절벽이 많아 예로부터 영산(靈山)으로 작은 금강산이라 불리었고 동쪽으로 장흥, 서쪽으로 해남, 남쪽으로는 완도를 비롯한 다도해를 굽어보고 있다.

영암의 특산물은 많지만 그 중에서도 특히 무화과를 들고 싶다. 무화과는 보통 8~10월에 수확되는데 지난해의 가지에서 자란 아직 익지 않은 푸른 열매들이 달려 있다가 늦은 봄에 익는 봄 무화과의 맛이 더 일품이다.

어린시절 나는 초여름에 덜 익은 무화과를 따먹었다가 누구에게 얻어맞은 것처럼 입술이 퉁퉁 붙고는 했다. 아마 덜 익은 무화과의 독성 탓이었을 것이다. 이럴 땐 간장이 약이었다. 퉁퉁 부은 입술에 간장을 바르면 신통하게 붓기가 가라앉았다. 요즘에는 이 무화과가 웰빙 과일로서 각광을 받고 있는데, 알칼리성 식품으로 고대 이집트와 로마에서는 강장제나 암·간장병 등을 치료하는 약으로 썼다. 우리나라 민간에서는 소화불량·변비·설사·각혈·신경통·피부질환·빈혈·부인병 등에 약으로 쓰고, 생즙은 치질과 사마귀를 치료하는 데 쓴다. 혹시 영암에 여행오시는 분들은 꼭 한 번 맛보고 사가시기 바란다.

누구나 다 그렇겠지만 고향을 떠올리면 먼저 돌아가신 아버지가 떠오른다. 아버지의 고향은 광주였는데 6.25동란 후 할아버지와 함께 영암 산골로 이주했다. 할아버지는 광주에서 대를 이어 터 잡고 살아온 유지였으나, 가족들과 함께 영암으로 이주해 농사를 지었고 아버지 또한 자연스럽게 농부가 되었다.

나는 아버지와 함께 보낸 별밤을 소중한 추억으로 간직하고 있다. 세계의 명화(名畵) 중에 '별이 빛나는 밤'이라는 빈센트 반 고흐의 작품이 있다. 그 작품을 보면 하늘로 팔을 뻗으면 손에 잡힐 것 같은 별들의 소용돌이를 볼 수 있다. 또 이해인 수녀님의 시 중에 이런 구절이 있다. "사랑한다는 말은 한꺼번에 쏟아지는 거대한 밤하늘이다." 나는 그 시 구절의 의미를 정확히 이해한다. 왜냐하면 나는 그런 밤을 어렸을 때 아버지와 함께 보았기 때문이다. 별빛이 한꺼번에 쏟아지는 거대한 밤하늘을 나는 다시 보고 싶다.

어느 가을, 아버지는 나에게 별자리를 보여주겠다고 하면서 함께 가자고 했다. 나는 신바람이 나 아버지를 따라나섰다. 그런데 집을 나서는 아버지에게 어머니는 이불보따리와 간식거리를 챙겨서 건넸다. 아버지는 그것을 들고 대문을 나섰고 나는 아버지를 졸졸 뒤따라갔다.

아버지는 이제 막 추수한 논의 한가운데로 들어갔다. 벼 그루터기가 밟혔다.

"오늘 밤은 여기서 잘 거다. 추워지면 저 안으로 들어가서 자면 된다."

아버지가 손가락으로 가리킨 것은 탈곡을 마친 벼 낟가리였는데 마치 초가집 같았다. 그때서야 나는 어머니가 이불과 간식을 챙겨준 이유를 알았다. 지금은 추수할 때 콤바인이라는 농기계로 벼를 베는 동시에 탈곡을 하지만 당시에는 순전히 인력만으로 벼를 베어 탈곡했다. 그런데 탈곡 과정을 마치지 않은 벼는 베어진 채 그대로 논에 며칠 동안 방치되었고, 이런 사정을 잘 아는 도둑들이 밤 사이에 그 벼를 몽땅 훔쳐가는 일일 종종 발생했다. 그러니까 아버지는 그 벼를 지키기 위해 불침번을 서는 중이었다.

"중효야, 밥이 우리 입에 들어오기까지 아흔아홉 번의 손을 거친다는 사실을 알아야 한다."

아버지가 나를 바라보며 말했다. 나는 나직이 "네 알아요." 하고 대답했다.

"너는 큰 도시로 나가 공부를 해야 한다."

나는 고개를 들어 손에 닿을 듯이 가까이 내려와 있는 별을 바라보았다.

"봄에 한 모내기가 이렇게 자라 귀한 쌀이 되었다. 논에 뿌리내린 벼는 그동안 장마와 태풍을 이겨냈다. 사람도 매한가지다. 시련을 겪어야 인간이 된다. 내 말뜻을 알아듣겠느냐?"

나는 여전히 거대한 밤하늘에 압도되어 아버지의 말을 건성으로 들었다.

"졸리면 저 안에 들어가 자면 된다."

풀벌레 울음소리가 사방에서 들려왔다. 그 소리가 마치 별에서 들려오는 것 같았다. 나는 볏짚으로 만든 오두막 안으로 들어갔다. 가을밤은 쌀쌀했지만 오두막 안은 생각 밖으로 따뜻하고 안온했다. 뒤따라 들어온 아버지가 짚단으로 바닥을 고르고 이불을 깔아주었다. 나는 거기에 벌렁 누웠다. 밖에서 하늘을 올려다보았을 때보다 못하지만 별밤은 누워서도 여전히 보였다. 오두막 입구 쪽이 터져 있었기 때문이었다. 풀벌레 울음소리가 자장가처럼 들리는 가운데 아버지는 여전히 불침번을 서고 있었다. 아마도 밤을 꼬박 지새울 모양이었다. 나는 아버지를 나직하게 불렀다.

"졸리면 자거라."

아버지의 등이 어렴풋이 보였다. 그 등은 컸고, 그리고 무거워 보였다.

그때는 몰랐지만 지금 돌이켜 생각해보면 아버지는 무거운 짐을 지고 평생을 살았다. 할아버지에게 물려받은 그 많던 농토를 거의 대부분 잃어버려 가난하게 살다가 돌아가셨다. 아버지의 축 처진 어깨를 보면서 훗날 성공하면 근사하게 집을 지어 선물하고 싶은 소박한 꿈을 꾸었다. 나는 그 꿈을 몇 해 전에 이루었다. 무엇이든지 간절히 원하면 이루어지는 법이다. 집을 보시고 기뻐서 울먹이시는 부모님 모습이 지금도 눈에 선하다.

경상남도 남해 바닷가에서 유학 온 소년 이구홍과 나는 공통점이 참 많았다. 먼저 우리는 촌놈이었다. 도시에서 온 친구들과 촌에서 온 친구들은 확연히 구별되었다. 촌놈들은 선천적으로 친구를 잘 만들지 못한다. 소심한 성격 탓이기도 하지만, 시골출신이란 사실에 은근히 기가 죽었기 때문이다. 그래서 주로 촌놈은 촌놈끼리 어울렸다.

학교에서 그리 멀지 않은 곳에 해운대 바다가 있었다. 휴일 날 우리는 기숙사를 나와 해운대 바다로 가곤 했다. 사실 우리는 부산에 와서 난생 처음으로 바다를 보았다. 모래톱으로 파도가 밀려오는 드넓은 바다를 목도했을 때의 감동을 나는 지금도 잊지 못한다. 그곳에서 우리는 세상이 넓다는 것을 확인했고, 바다 너머에 있을 세계를 동경했다.

어느 겨울 날 우리는 양지바른 교정에 쪼그려 앉아 고향을 그리워했다. 우리는 서로 동병상련의 처지였다. 이구홍은 고향산천이 그리운 게 아니라 고향의 어머니를 그리워했다. 건강이 좋지 않음에도 불구하고 손에서 호미를 놓지 못하는 어머니의 농사를 걱정했다. 남해 바닷가 출신 이구홍은 눈시울을 붉히다가 끝내 주룩 눈물을 흘렸다. 그 모습을 본 나도 덩달아 슬퍼져 손등으로 눈가를 훔쳤다.

작년에 불현듯 그 소년들이 보고 싶어 동창생 명부를 뒤져 그들의 근무지를 알아냈다. 남해 바닷가 소년 이구홍은 현재 현대조선소에서 상무로 근무하고 있다. 국립 부산 기계공업고등학교를 졸업하던 그 해부터 현대조선소에서 일하기 시작했으니 한 회사에서 무려 30년 이상 근속한 셈이다.

나는 아직까지 남해 바닷가 소년 이구홍에게 전화를 하지 못했다. 하루하루 바쁜 일과를 소화해내다보니 그렇게 되어버렸다. 또 한 해가 저물기 전에 시간을 내어 그와 소주잔을 기울이며 회포를 풀어야겠다.

내친 김에 학창시절 이야기를 좀 더 하자. 국립 부산기계공고는 전국 각지 중학교에서 한 명 혹은 두 명씩 선발된 소년들이 전원 기숙사 생활을 했다. 한 학년에 15개 학급이 있었고, 전교생은 2,700여 명이었다. 그러다보니 기숙사에서는 매일 크고 작은 일들이 꼬리를 물었다. 양치질이나 세수를 하지 않는 등 몸 씻는 것을 싫어하는 아이들이 몇 명 있었다. 그 아이들은 매번 신체검사에 적발되어 사감에게 혼났다. 시쳇말로 사감 선생님에게 찍힌 아이들이었다. 잘 씻지 않기는 다른 아이들도 매일반이었는데 신체검사 때 유독 그 아이들만 적발되는 것은 기숙사 생활 첫인상에서 좋은 점수를 받지 못했기 때문이었다. 역시 사람 관계는 첫인상이 중요하다.

군대를 갔다 온 사람이면 다 아는 사실이지만 우리나라는 지방색이 강하다. 다른 나라도 지방색이 없을 리 없지만 좁은 한반도 면적을 감안하면 좀 특별한 현상이다. 기숙사에서 내 존재는 좀 특별했다. 큰 키도 그렇지만 무엇보다 전라도 시골 출신이었기 때문에 나는 소수파였다. 나는 내 출신이 전라도라 해서 경상도 아이들이나 혹은 다른 지방 아이들로부터 따돌림을 당하거나 하는 일은 없었다. 어른들이 말하는 정치색 같은 것은 아예 없었다. 내가 소수파라 스스로 여긴 것은 다른 지방에 비해 전라도 출신

학생 수의 비율이 낮았다. 그 시절 내가 보고 느낀 지방색은 이러했다. 서울과 경기도 출신 아이들은 신중하지만 정작 행동해야 할 때 침묵하는 모습을 보였고, 강원도 아이들은 전후 생각 없이 덤벙대는 경향이 있으며, 경상도 아이들은 용감하지만 만용을 부리는 경우가 종종 있었고, 전라도에서 온 아이들은 주위 눈치를 너무 살피는 나머지 추진력이 좀 모자랐다. 항간에 떠도는 말에 충청도 사람들은 물에 물탄 듯 술에 술탄 듯 별 특징이 없다고 하지만 내가 보기에 충청도 사람들이야 말로 가장 독특한 지방색을 가지고 있다고 본다. 내가 겪은 충청도 아이들은 대체로 의사표시를 분명히 하고 자기주장이 강했다.

나는 지방색을 그 지방 특유의 개성이라고 말하고 싶다. 사람도 제각기 개성이 있어야 매력적으로 보이듯 지방은 개성을 지녀야 한다. 가능하면 집이나 건축물의 모양도 지방마다 달라야 한다. 뿐만 아니라 사투리 사용을 막거나 꺼려할 게 아니라 적극 권장해야 한다고 본다. 흔히 관광업을 두고 굴뚝 없는 공장이라고 일컫는데 실로 맞는 말이다. 굴뚝 없는 공장에서 이윤을 새로 만들려면 그 특유의 문화가 있어야 한다. 다른 지방과 차별성도 없고 개성조차 없다면 누가 그곳으로 여행을 떠나려 하겠는가.

최근 들어 부쩍 초등학교 시절이 자주 생각난다. 내 나이 오십 줄이니 40년도 더 지난 과거의 기억이다. 어느 새 그 기억들은 추억이 되었고, 그리고 또 그리움으로 남았다. 그리움이 많다는 것은 나이가 들어간다는 징조일 터이다. 그렇더라도 상관없다. 나는 질풍노도의 시기를 지나왔으므로 이제 삶을 관조할 줄 아는 원숙기에 접어들었다. 어느 시인의 시구절이 생각난다. '그대 태풍을 뚫고나와 포구에 정박한 배를 본적 있는가?' 비유가 적절한지 모르지만 내 삶은, 아니 나이 오십 줄에 든 가장의 삶은 누구나 태풍을 뚫고나와 포구에 정박한 배와 같다. 지금 하늘은 푸르고 바다는 잔잔하지만 지난 한 때 바다는 배를 집어 삼킬 듯이 사나웠다.

김이 모락모락 피어오르는 따뜻한 녹차 한 잔을 들고 흔들의자에 앉으면 저절로 어린 시절이 떠오른다. 은은한 녹차향이 세세한 것까지도 기억나게 하면서 내 입가에 저절로 미소가 돈다. 어머니와 땀을 흘리며 감자를 캔다. 감자알이 줄줄이 딸려 나오는 게 신기하기 이를 데 없다. 어머니도 활짝 웃으며 수확의 기쁨을 맛보고 있다. 나는 또 산에 오른다. 어머니의 명으로 땔감을 구하기 위해 산에 오르긴 했지만 나는 기분이 좋다. 숲속에 들어서면 새소리가 들리고 며칠 전에 봐 둔 개개비 둥지를 확인한다. 개개비는 휘파람새라고도 불리는데 몸은 참새만 하며 등은 녹갈색이고 배는 흰색이다.

둥지 속에는 새알이 네 개 있다. 어미 새는 먹이를 구하러 갔는지 보이지 않는다. 나는 알이 부화하면 집으로 가져와 지렁이를 잡아다 먹여서 기를 것이다. 나는 어서 알이 부화하기를 기원하며 둥지를 떠난다. 나는 또 잠방이를 입고 논가에 서 있다. 그냥 서 있는 게 아니라 모내기 줄을 잡고 있다. 어른들이 논에 일렬로 늘어서서 허리를 연방 굽히며 모내기를 하고 있다. 줄이 바뀔 때마다 그 자리에 모가 심어져 바람에 흔들린다.

어린 시절을 추억하면 떠오르는 선생님이 있다. 바로 전상훈 선생님이다. 선생님은 나를 특별히 관심을 가지고 지도했다. 교실 복도에서, 심지어 학교에서 멀리 떨어진 길가에서 만나도 나를 불러 세우고는 요새 무슨 책을 읽고 있느냐고 물었다. 내가 어떤 책을 읽고 있다고 대답하면 다시 그 책에 관심을 보이며 책의 줄거리를 물었다. 심지어 내가 장난기어린 어조로 만화책을 읽고 있다고 말해도 관심을 보이며 전체 줄거리를 물었다. 나는 '설마 만화책인데' 하는 마음으로 장난스럽게 말했던 것인데 의외로 선생님은 반응은 한결같았다. 코흘리개였던 나는 그런 선생님이 귀찮기만 했다. 나중에 알았지만 그것은 선생님만의 독특한 제자 사랑법이었다.

전상훈 선생님은 학교 관사에 살며 출퇴근하셨는데 지금 생각해보면 아주 멋진 총각 선생님이었다. 마을은 학교를 품고 있었고 그래서 선생님과 나는 접촉할 기회가 많았다. 바리캉으로 머리를 빡빡 깎고 다니던 그 시절, 나는 일요일에도 몇몇 친구와 학교에 가서 공부했다. 전상훈 선생님께 과외 공부를 하기 위해서였다. 선생님은 학교 관사에서 혼자 살았고 우리가 가면 반가운 친구가 온 것처럼 반겨주셨다. 선생님은 우리에게 어려운 산수를 쉽게 가르쳐 주었고 영어도 가르쳐주었다. 과외비는 삶은 감자, 고구마,

삶은 계란 같은 것이었다. 선생님은 이런 것들마저도 받기를 한사코 거부하셨다. 겨울이 오면 나는 누가 시키지도 않았는데 선생님이 사는 관사 아궁이에 불을 지폈다. 선생님이 따뜻하게 주무시면 내 기분도 좋았다. 나는 선생님을 존경했기 때문에 선생님이 시키는 일이라면 뭐든 다 할 준비가 되어 있었다. 선생님은 낚시를 즐겼고 그때마다 나는 선생님을 따라다녔다. 낚시터에서 나는 기꺼이 선생님의 심부름꾼이 되었다.

그러던 어느 해 봄방학을 며칠 앞둔 어느 날, 선생님은 당신의 고향으로 나를 데리고 가겠다고 말했다. 선생님의 고향은 전라남도 신안군 하의면으로 김대중 전 대통령과 같은 고향이었다. 봄방학은 마침내 왔고 선생님은 정말로 나를 당신의 고향인 하의도로 데리고 갔다. 그때 나는 난생 처음으로 큰 배를 타보았다. 섬에 당도해서 보니 선생님은 대대로 천일염을 만드는 부잣집 아들이었다. 천일염은 품질이 좋아 지금도 시장에서 비싼 값에 팔리고 있는데, 당시 그 소금밭에서 일하는 염부들만 열 명이 넘었다. 나는 그곳에서 소금을 만드는 과정을 지켜보았다. 햇빛에 바닷물이 증발되면 서서히 소금 결정체가 바닥에 가라앉았다. 하얀 알갱이의 그것은 햇빛을 받아 수정처럼 반짝거렸고, 소금창고 속에는 하얀 소금이 산더미처럼 쌓여 있었다.

어느 날 밤 선생님과 나는 바닷가로 갔다. 나는 나룻배를 탔고 선생님은 노를 저었다. 호수처럼 잔잔한 밤바다의 정취를 만끽하기 위해서였다. 머리 위에는 둥그런 달이 떠서 바다를 비추었다. 달빛을 받은 바다는 한 줄기 길을 열었고, 뱃전에 부딪친 물결이 이따금씩 발광(發光)했다.

"선생님."

"왜?"

"이담에 전 뭐가 될까요?"

"글쎄다. 넌 뭐가 되고 싶냐?"

"몰라요. 선생님이 말해주세요."

"음… 넌 선생님보다 훌륭한 사람이 되어야 한다."

"왜요?"

"선생님 같은 어른이 되기는 싫지만 훌륭한 사람은 아무나 되는 게 아니니까. 훌륭한 사람이 돼서 지금보다 훨씬 좋은 세상을 만들어 보렴."

"좋은 세상은 어떤 세상인데요?"

그때 선생님은 당신 입술에 검지를 갖다댔다. 돌고래 같은 큰 물고기가 수면으로 올라왔다가 잠수했다. 그 물고기가 돌고래였는지는 알 수 없다. 아무튼 돌고래가 수면으로 올라와 우리에게 인사하고 인어공주가 나타날 것 같은 밤이었다.

훗날 내가 정치인으로서의 입지를 세운 데에는 그날 밤 선생님의 "훌륭한 사람이 되어 좋은 세상을 만들어 보라"는 그 말이 큰 영향을 끼쳤다.

이 책이 세상에 나오면 자필서명을 해서 가장 먼저 선생님께 드릴 것이다. 그리고 이렇게 여쭤볼 것이다.

"선생님, 그때 많은 아이들 가운데 어째서 저를 선택해서 하의도 섬으로 데리고 갔나요?"

선생님의 입에서 어떤 말이 나올지 기대된다.

작년에 나는 쌓여있는 회사 일을 잠시 미루고 보길도를 방문했다. 전상훈 선생님이 교장선생님으로 재직 중인 초등학교를 찾아갔다. 나는 선생님을 매년 찾아뵈었지만 아내를 데리고 가기는 그때가 처음이었다. 교무실로 들어간 나는 선생님께 큰 절을 올렸다. 선생님은 나를 껴안으며 또 이렇게 와줘서 고맙다고 말했다. 그리고는 셋째 아들이 나를 가장 많이 닮았다고 하시면서 잘 키우라고 당부하셨다.

그런데 그날 전상훈 선생님은 내게 뜻밖의 청을 한 가지 했다. 보길초등학교 전교생을 대상으로 강연을 좀 해달라는 것이었다. 덧붙여 선생님은 아이들이 나를 보면 꿈을 가질 수 있을 거라고 했다. 그때 나는 선생님의 마음을 읽었다. 시쳇말로 서울 가서 출세한 시골 촌놈을 아이들에게 보여주고 싶었던 것이었다. 나는 그 강연 요청을 수락했다. 나의 존재가 섬 어린이들에게 꿈을 가져다줄 수 있다면 그보다 더 보람된 일은 없을 듯 싶었다. 나는 대학생들을 가르치기 위해 강의를 준비할 때보다 더 신경을 썼다.

그렇게 해서 나는 배우처럼 강당 무대 위에 섰다. 무대 위에 오르자 초롱초롱한 눈망울들이 일제히 나를 향했다. 대학생들을 가르치고 대중을 상대로 연설하는 것에 익숙했지만 그 순간은 몹시 긴장되었다. 이윽고 전상훈 교장선생님이 나를 학생들에게 소개했다. 박수소리가 어찌나 컸던지 정신이 다 혼미할 지경이었다.

강연의 요지는 간절한 꿈은 반드시 이루어진다는 내용이었는데, 나의 어린 시절부터 지금까지 삶을 더하거나 빼지 않고 이야기했다. 이는 전상국 선생님의 요청이기도 했다. "걱정하시 마시게. 자네가 지금까지 걸어온 길을 있는 그대로 이야기하면 되네." 강의를 하기 전에 선생님은 내 어깨를 툭툭 치며 그렇게 말했다.

"여러분들의 모습은 지금부터 40년 전 내 모습과 똑 같습니다…." 이 말을 서두로 시골 촌놈이 중소기업 CEO가 되기까지의 과정, 그리고 정치인 '이중효'를 아이들 눈높이에 맞춰 연설했다. 문득, 저 순진무구한 아이들을 감동시키지 못하면 나는 정치인으로서 자질이 없다는 생각이 들었다. 특강을 마치기 전에 나는 칠판에 분필로 "○○○의 꿈은 이루어진다"라고 크게 썼다. 뒤이어 전교생들에게 동그라미 속에 각자의 이름을 넣고 큰 목소리로 다음 글을 읽으라고 주문했다.

꿈을 이루기 위해서는

첫째, 꿈을 크게 가져야 하고

둘째, 독서를 많이 해야 하고

셋째, 친구를 많이, 그리고 잘 사귀어야 하고

넷째, 운동을 해서 신체를 건강하고 튼튼하게 만들어야 하고

다섯째, 졸업하면 일 년에 한 번은 반드시 선생님을 찾아뵈어야 한다.

아이들은 한 목소리로 강당이 떠나갈듯 칠판의 글을 읽어나갔다. 나는 학생들에게 친구를 폭넓게 사귀고 책을 많이 읽어야 한다는 점을 특히 강조했다. 책에는 우리가 볼 수 없는 세계, 예컨대 깊은 바다 속과 우주까지 볼 수 있다고 그 이유를 설명했다. 각자의 꿈을 말하는 대목에서 어떤 아이는 커서 어부가 되고 싶다고 했다. 또 어떤 아이는 마을 이장이 되는 게 꿈이라고 했다. 나는 그 아이들에게 준비한 축구공과 배구공을 하나씩 선물했다. 질문 시간이 주어졌을 때 한 아이가 벌떡 일어나 내 꿈이 무엇이냐고 물었다. 나는 그 아이의 이름을 먼저 물어본 뒤 "내 꿈은 소금 같은 훌륭한 정치인이 되는 것입니다." 하고 대답했다.

생각해보면 나는 지금도 그 꿈을 실현하기 위한 도정에 있다. 나는 아이

들과의 약속을 반드시 지킬 것이다.

특강을 마치기 전에 나는 학생들에게 각자의 담임선생님을 크게 불러보라고 했다. 수많은 아이들이 낸 소리가 합쳐지면서 강당은 또다시 떠나갈 듯 했다. 그날 특강에 참석한 전교생과 선생님, 그리고 학부모 모두가 감동했고 나는 보길도에 온 보람을 진하게 느꼈다. 오랫동안 박수소리가 강당에 울려 퍼졌다. 강연을 마치고 아이들 표정을 살펴보니 강연 전과 확연히 차이가 있었다. 내 강연을 듣고 나서 아이들이 꿈을 꾸고, 그 꿈을 실현하기 위해 한 걸음씩 앞으로 나간다면 그보다 더 보람된 일은 없다는 생각이 들었다. 보길도에서 '이중효'는 꿈의 전도사였다.

서울로 돌아온 후 나는 보길도 어린이들로부터 1백 통 가까운 편지를 받았다. 사랑하는 사람의 사진을 꺼내 보듯이 나는 그것들을 차례로 감상하며 의미를 부여했다. 그러면 하루의 피로가 봄날 눈 녹듯 사라졌고 나도 모르게 입가에 미소가 돌았다. 나는 매일 한두 통씩 답장을 썼다. 아이들을 향해 글을 쓰는 시간은 연애를 하는 사람처럼 행복했다.

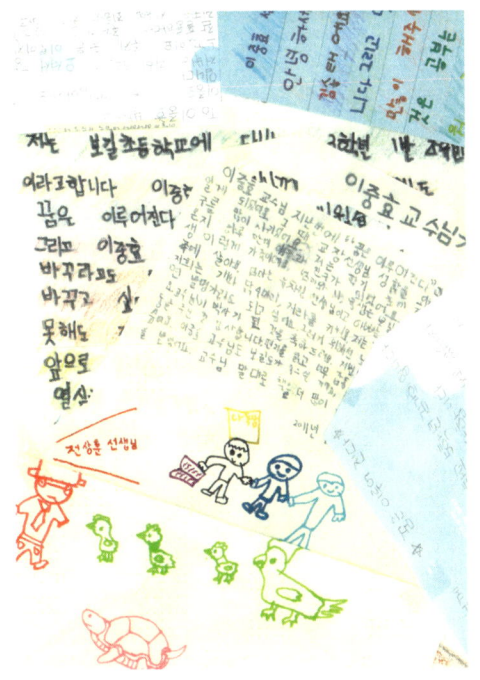

여기서 잠시 고향 영암에 대해 언급해보자. 몇 해 전에 지역 유지들과 식사를 하며 영암의 발전 방향에 대해 논의한 적이 있었다. 그때 나는 그들에게 이렇게 말했다. "대불공단의 규모를 현재보다 세 배 이상 키워야 합니다. 영산강 유역 간척지구보다 더 넓은 땅을 조성해서 일부는 공단으로 일부는 골프장을 조성하는 겁니다. 첫째, 공단이 조정되면 세수가 우선적으로 확보되고 고용이 창출됩니다. 세수가 확보되면 복지정책을 펼칠 수 있고, 그러한 정책은 다시 소비로 이어지면서 고용이 확대됩니다. 비록 지역경제라 할지라도 공장이 새로 생기고 세수가 확보되면 경제발전의 선순환이 이루어지는 것입니다. 둘째, 골프장을 조성해서 손 큰 관광객을 방문하게 하면 지역경제가 살아납니다. 기왕이면 우리나라에서 규모가 가장 큰 골프장을 만들어 매년 수만 명씩 해외로 빠져나가는 골프 인구를 흡수하는 겁니다. 골프는 월출산 관광과 연계해서 운영하면 좋은 성과를 거둘 수 있습니다. 골프장은 평상시에 스포츠의 장이지만 유사시에는 농토로 바꿀 수가 있습니다.

지금은 심각성을 그다지 느끼지 못하지만 미래에 언젠가는 식량이 무기화 되는 날이 올지 모릅니다. 그때를 대비해서라도 대규모 간척사업을 일으킬 필요가 있습니다. 비행기로 볍씨를 뿌리고 농약을 치는 기업농 말입니다. 우리의 농업이 경쟁력을 갖추려면 반드시 기업농을 육성해야 합니다.

그런 의미에서 대규모 간척사업을 일으키고 골프장을 건설하는 것은 현재의 이익을 얻는 것인 동시에 미래의 환란을 대비하는 좋은 방책인 것입니다. 한 가지 우려되는 것은 대규모 간척사업을 일으켰을 때 예상되는 환경파괴입니다. 갯벌을 매립해서 농토를 조성했을 때 거둘 수 있는 수익과 갯벌을 그대로 두었을 때 거두는 이익을 비교했을 때 갯벌을 그대로 두는 게 더 경제적 이익이 높다는 연구 결과가 있습니다. 갯벌을 그대로 두면 조개나 낙지 등의 수산물을 수확할 수 있고 환경오염에 따른 비용이 전혀 들지 않기 때문에 그런 연구 결과가 나왔을 것입니다.

하지만 이는 단기적인 안목으로 보았을 때의 결과입니다. 장기적으로는 간척지를 만들어 국토의 이용 가치와 효율성을 높이는 것이 우리에게 더 많은 이익을 안겨다 줄 것입니다."

내가 말을 마치자 지역 유지들은 박수를 쳤다. 뒤이어 그들은 그 자리에 김일태 군수님이 빠진 것을 아쉬워했다. 그래서 나는 그들에게 다음에 군수님을 만나거든 새누리당 당적을 가진 정치인 이중효가 그런 말을 하더라고 전하라고 했다. 비록 영암 군수가 민주당 소속이라 할지라도 대승적 견지에서 고향 발전을 위해 참고할 만한 조언이나 아이디어는 받아들일 자세가 되어 있어야 진정한 목민관일 터였다. 내가 알기로 김일태 영암 군수는 그럴만한 그릇이 되는 분이다.

나, 우리, 국가, 세계, 그리고 중소기업

또 아버지 생각

아버지는 돌아가셨지만 아버지의 말씀은 생생하게 남아 있다. 아버지가 노상 하신 말씀이 있다. 어느덧 나에게는 그 말들이 좌우명이 되었다. 이를 테면 이런 것이다.

"인생은 멀리 바라보면서 사는 것이다."

"부모 팔아 친구를 산다. 친구들과 신의를 지켜라."

"게으른 자는 밭을 맬 때 고랑만 세고 앉아 있다."

"높은 산에 올라가는 것은 힘들지만 정상에 올라간 사람들은 여유를 가지고 아래를 굽어본다. 그처럼 힘들게 노력하면 정상을 정복한 사람들의 기쁨을 알 수 있다."

또 이런 말씀도 하셨다.

"월출산은 작은 금강산이라 불릴 정도로 빼어난 명산이다. 산 자체가 한 폭의 동양화와 같다."

월출산을 언급하니 자연스레 한 가지 일이 떠오른다. 친구들과 함께 텐트를 가지고 월출산에 올랐던 일이다. 나는 부모님께 친구 집에서 자고 올 거라고 거짓말을 하고 집을 나섰다. 그런데 재를 넘어갈 때 안개에 갇혀 버렸다. 멀쩡하던 날씨가 돌변하여 한치 앞도 분간할 수가 없었다. 앞으로도 뒤로도, 위로도 아래로도 갈 수가 없었다. 우리는 꼼짝없이 안개의 감옥에 갇혔다. 설상가상으로 날은 어두워졌고 누군가는 훌쩍거리며 모험을 감행한 것을 후회했다. 또 누군가는 산으로 모험을 떠나자고 선동한 친구를 원망했다. 난생 처음 부닥친 위기였다. 그때 나는 모험을 감행한 것에 대한 후회도, 모험을 선동한 친구를 원망하지 않았다. 다만 어떻게 해서든지 그 위기를 벗어나야 한다고 생각했다. 그때 우리가 데리고 온 삽살개가 컹 하고 짖었다. 순간 나는 묘안이 떠올랐다. 개를 앞세워 길을 찾으면 될 것이었다. 우리는 삽살개를 앞세우고 조심스레 산을 내려왔다. 어둠과 안개로 앞이 전혀 보이지 않았고 공포가 엄습했지만, 우리는 삽살개를 믿었다. 그리고 손에 손을 잡고 산을 무사히 내려갈 수 있다는 희망을 버리지 않았다. 결국 우리는 조난 상태를 벗어났다.

중학교 1학년 무렵에 겪은 일이지만 그 일은 오늘날에도 문득문득 떠오른다. 사람마다 잊히지 않는 기억이 있기 마련인데 내 경우는 그때의 조난 사고가 바로 그러했다. 아마 난생 처음으로 겪은 급박한 위기 상황이어서 그런 것일 게다.

얼마 전에 고향에 내려갔을 때 동창생 하나가 그때 일을 추억처럼 떠올리며 이렇게 말했다.

"그때 네가 없었더라면 큰일날뻔했다."

삽살개를 앞세워 길을 찾은 나의 지혜를 두고 이른 말이었다. 그때 같이 있었던 동창생들은 한 결 같이 그 일을 기억했다. 그런 걸로 미뤄보면 그 일은 일생일대의 사건이었던 것만큼은 분명했다. 비유가 적절한지 모르겠다. 소나무는 한거울이 와 봐야 그 푸름을 알 수 있듯 사람은 위기가 닥치면 진면목이 보인다. 자화자찬 같지만 이중효는 소년 시절에 이미 위기를

나, 우리, 국가, 세계, 그리고 중소기업

관리하고 극복할 줄 알았다.

정치인과 CEO는 닮은 점이 많다. 분야는 다르지만 두 직책의 수행에 있어 가장 중요한 것 한 가지를 꼽으라면 위기를 관리하고 극복하는 능력이라 하겠다. 나는 기업을 경영하며 수없는 난관에 봉착했다. 그 상황은 소년 시절 월출산에서 겪은 안개와 어둠속의 조난 상황과 다를 바 없었다. 그 위기의 순간에 삽살개를 앞세워 길을 찾았듯이 나는 길을 모색했다. 전문가의 견해를 듣고, 지인에게 도움을 요청하고, 발품을 팔아 사실관계를 확인하는 등의 길 찾기를 통해 오늘 여기까지 왔다.

정치 또한 한치 앞도 분간할 수 없는 안개와 어둠속에서 길을 찾는 것과 마찬가지다. 다른 게 있다면 정치는 시도 때도 없이 안개가 낀다는 것이다. 이른바 안개정국이 바로 그것이다. 정치를 흔히 살아 움직이는 생명체로 비유한다. 그만큼 예측불허가 일상이 된 세계란 뜻이다.

뜻이 있는 곳에 길이 있다고 했다. 이 말은 대의와 명분이 있는 곳에 길이 있다는 말과 같다. 길은 어디에나 있지만 진정한 길은 오직 한 길, 대의와 명분의 길 뿐이다. 이 길을 통해서만이 위기를 극복하고, 국민을 향해 다가갈 수 있다. 많은 정치인들이 이러한 원리를 모르거나 혹은 알았더라도 실천을 하지 않기 때문에 도중에 스스로 걸음을 멈추거나 강퇴 당하는 수모를 겪는 것이다.

조국근대화의 기수

국립 부산기계공고 기계과 특수반 밀링 전공 이중효. 고등학교 때 나의 정식 명칭이다. 이름 세 자 앞에 긴 수식이 붙는 게 좀 이상하겠지만 당시에는 이렇게 자신을 소개하고 불리는 게 자연스러웠다. 밀링은 공구를 회전시켜 절삭하는 공작기계로, 밀링가공은 정밀기계 공업의 기초이다. 나는 이 밀링이라고 하는 공작기계 앞에서 고교시절 대부분의 시간을 보냈다. 인문계 고등학생들이 언어영역, 수리영역, 외국어영역 등의 책과 씨름할 때 나는 밀링과 씨름했다. 나는 선배들이 그랬던 것처럼 기능사 자격증을 취득하기 위해 도면 보는 법과 가공기술을 익혔다. 기능사 자격증을 취득하기 위해서는 제한된 시간 내 도면에 그려진 제품을 만들어야 했다. 그것도 그냥 만드는 게 아니라 머리카락보다 더 가느다란 일천 분의 일 밀리미터의 정밀도를 요하는 가공이었다. 인문계 고등학교 학생들이 밤늦도록 환한 도서관 불빛 아래에서 공부하듯이 조국근대화의 기수들은 실습장에서 기계와 씨름하며 굵은 땀방울을 흘렸다.

'조국근대화의기수' 라는 명칭은 박정희 전 대통령이 직접 명명한 용어이다. 국가산업의 초석을 다지고 발전시키기 위해서는 고급기술 인력 양성이 시급했다. 박정희 전 대통령의 생각은 옳았다. 이 무렵 대한민국은 기능올림픽 전 분야에서 금메달을 휩쓸었고 이에 발맞추어 국가산업은 날로 발전했다. 전국에 산재한 공업고등학교에서 고급 인력이 매년 배출되어 산업 발전에 반드시 필요한 기능 인력 수요를 충당했다. 선배들 중에는 국가대표로 선발되어 기능올림픽 출전권을 따내어 마치 태릉선수촌의 올림픽 출전을 앞둔 운동선수처럼 혹독할 정도로 기능을 연마했다.

고등학교 3학년 졸업 무렵이 되자 내 손에는 자격증 3개가 주어졌다. 모두 밀링가공에 관한 자격증이었다. 국가기술자격증은 고등학교 졸업장보다 더 소중한 '증'이었다. 왜냐하면 공업고등학고 졸업장만 가지고는 취직을 위한 명함을 내밀 수가 없기 때문이었다.

졸업을 앞둔 여름방학 때 나는 취직시험을 치기 위해 상경했다. 난생 처음 밟아보는 서울땅이었다. 입사 원서를 넣은 대우중공업은 당시 영등포에 위치해 있었고, 하루 먼저 도착한 나는 영등포의 어느 허름한 여관에 들어 하룻밤을 보냈다. 잠을 이룰 수 없었던 나는 거의 뜬눈으로 아침을 맞이했다. 시험장에 가서 보니 국립 부산기계공고 출신 학생은 한 명도 보이지 않았다. 나중에 안 사실이지만 그 당시 졸업 예정자 대부분은 창원이나 거제도, 울산, 포항 등지에 있는 산업체에 원서를 넣었다.

그때 내가 대우중공업에 입사서를 넣은 것은 대우중공업이라는 회사가 좋아서가 아니라 서울로 오기 위한 수단이었다. 말은 제주도로 보내고 사람은 서울로 가야 한다는, 당시 어른들 입에 오르내리던 말에 영향을 받았는지 모르지만 나는 고등학교를 졸업하면 서울로 가야한다는 생각을 막연하게 했다.

그리하여 나는 정식 직원이 아닌 실습생 신분으로 서울 생활을 시작했다. 졸업할 때 나는 정밀가공 분야 국가기술자격증 3개를 손에 넣었다. 그리고 무엇보다 대우중공업 사원이었다. 한 달 월급이 14만원이었고, 첫 월급으로 부모님이 입을 방한 내의를 사서 시골로 부쳤다. 그때 우체국을 나오며 뿌듯했던 기분이 아직도 뇌리에 선연히 남아 있다.

고등학교 시절을 떠올리면 여러 이름들이 생각나지만 그 중에서도 김창현과 박광우가 먼저 떠오른다. 김창현은 중학교 동창생으로 금오공업고등학교로 진학한 친구였다. 금오공고는 지금으로 치면 부산영재고등학교 정도의 위상을 가졌는데 창현이는 그 학교에 입학시험을 쳐서 합격한 수재였다. 외로운 기숙사 생활에서 부모님 다음으로 창현이가 생각났다. 고향 냇가에서 천렵을 하던 일, 지푸라기를 태워 콩을 구워먹다가 새카매진 입가를 보며 서로 웃던 일, 새총으로 꿩을 잡던 일, 밤을 새워 만화책을 보던 일이 수시로 생각났다.

고등학교 2학년, 첫 자격증 시험에 도전하여 고배를 마셨던 즈음이었을 것이다. 뺨이 얼어붙는 것 같이 추운 어느 날, 나는 창현이를 만나기 위해 시외버스를 타고 경북 구미에 있는 금오공고로 향했다.

창현이는 나처럼 기숙사 생활을 하고 있었다. 우리는 학교 건물 옥상으로 올라갔다. 우리는 영화의 한 장면처럼 서로 부둥켜안았다. 그때 창현이가 눈물을 흘렸는지 안 흘렸는지 기억이 희미하지만 나는 울었다. 반가움과 서러움이 동시에 몰려와 나의 눈물샘을 자극한 것이었다. 그리고 우리는 옥상 양지바른 곳에 쪼그려 앉아 회포를 풀었다. 우리는 서로를 위로하며 자격증을 꼭 따자고 다짐했다. 뒤이어 진로에 대해 이야기했는데 창현이는 대학에 진학하고 싶다고 말했다. 나는 창현이의 그 말이 생경하게 들렸다. 고등학교를 졸업하고 대학에 진학한다는 생각을 한 번도 해본 적이 없었다. 그도 그럴 것이 학교에서 선생님들은 오로지 국가기술자격증 취득과 취업만을 이야기했고, 대학교 진학을 권장하거나, 대학교 시험에 합격했다는 선배의 이름을 들어본 적도 없었다.

"누가 그러던데 조국근대화의 기수는 허울만 좋을 뿐이래."

"어째서?"

"대학교 졸업한 사람하고 공고 졸업한 사람하고 월급이 배나 차이가 난대."

"어디서 그런 말을 들었어?"

"취업 나간 어떤 선배가 그랬어. 그 선배는 지금 취업 안 나가고 학원에 다니면서 공부하고 있어."

"대학교에 갈려고?"

"그렇지."

부산으로 돌아오며 나는 취업 대신 대학교 진학을 선택할 거라는 창현이의 말을 곰곰이 생각했다.

수재들이나 입학하는 금오공업고등학교 판금과를 졸업한 김창현은 지금 부천에서 1급자동차정비공장 사장이다. 창현이는 야간대학을 졸업했고, 그것을 밑천삼아 기능직이 아닌 사무직으로 전환하여 십여 년 간 회사를 다니다가 퇴직했다. 그의 창업에 내가 작은 도움을 주었는데, 그것은 자동차 정비기술에 관한 조언이었다. 당시 자동차 정비 기술은 반수동식인 카뷰레터 식에서 전자식으로 전환되던 시점이었고, 나는 창현이에게 현재 출고되는 자동차는 모두 전자식이므로 그에 맞는 정비기술을 익혀 1급자동차정비공장을 차리라고 말했다. 창현이는 내 조언을 받아들였다. 명석한 두뇌를 가진 그는 금세 새로운 정비기술을 익혔다. 과연 금오공고 출신다웠다. 사업은 대성공이었다. 그는 지금도 나를 만나면 그때의 조언을 고마워한다.

오래 전에 고 정주영 현대그룹 회장이 대통령에 출마한 일이 있었다. 그때 공약사항 중 하나가 중학교 때 시험을 쳐서 실업계 고등학교 진학 대상 학생과 인문계 고등학교에 진학 대상 학생으로 나누겠다고 했다. 그런 발상의 배경에는 고학력 인플레이션 현상과 절대적으로 모자라는 고급 기능인력이 있다. 이 공약의 문제점은 공부 못하는 아이는 실업계 고등학교에 가고 공부 잘하는 아이는 인문계 고등학교에 간다는 이분법적 발상이지만, 오죽했으면 그런 공약을 했나 싶다. 공부 잘하는 아이도 실업계 고등학교에 진학 할 수 있으며, 그들이 고급 기능인력이 되면 국가산업 발전은 탄탄대로일 것이다. 그런데 과거 대한민국은 공부 잘하는 아이를 고급 기능인력으로 양성하긴 했으나, 그들은 대부분 다른 길을 걸었다. 금오공고 판금과를 졸업한 내 친구 창현이의 예에서 보듯이 국가가 양성한 고급 기능인력이 적재적소에 쓰이지 못한 채 사장되고 있는 것이다. 이는 국가발전에 결코 도움이 되지 않는다.

국가산업 발전의 초석은 누가 뭐래도 고급 기능인력이다. 대학교 졸업자와 공고 졸업자의 연봉 차이가 크다면 아무도 기능을 익히려 하지 않을 것이며, 시쳇말로 개나 소나 다 대학을 가려 할 것이다. 오늘날 학력 인플레 현상은 이렇듯 고등학교 졸업자와 대학교 졸업자 간의 임금 격차가 그 원인이다. 고급기능 인력을 푸대접하는 사회의 미래는 어둡다. 지금이라도 늦지 않았다. 기능직과 기술직을 일원화하고 법과 제도를 정비하여 대학교와 고등학교 간, 기술직과 기능직 간, 사무직과 기술직 간, 기능직과 사무직 간

나, 우리, 국가, 세계, 그리고 중소기업

의 임금 격차를 없애야 한다. 국가와 사회가 정상적으로 작동하기 위해서는 고난이도, 고강도의 노동에 종사하는 사람의 임금이 그렇지 않은 직종에 비해 높거나 최소한 같아야 한다.

대우중공업에 입사 후 고등학교 졸업장만 가지고는 미래가 보장되지 않는다는 사실을 깨닫는 데 그리 오랜 시간이 걸리지 않았다. 사회와 직장에서 인간적인 대접을 받기 위해서는 소위 '증'이 있어야 했다. 국가기술자격증이 최고의 '증'이라 여겼던 내가 그런 인식을 했다는 것은, 개인적으로는 득이지만 국가적으로는 손실이었다.

앞서 언급했듯 공업고등학교에서 3년 동안 갈고 닦은 최고의 기능사가 기능을 써먹지 않고 대학에 진학하여 이른바 펜대를 굴리는 사무직에 종사한다면 그것은 분명 인력의 국가적 낭비가 되는 셈이다. 그렇다고 해서 실업계 고등학교를 졸업한 우수한 기능 인력이 대학에 진학하는 것을 막을 수는 없다. 문제는 우수한 기능 인력이 한사코 대학에 가려는 이유를 알아야 하고, 그 이유를 알았다면 대책을 세워야 한다. 최종 학력 졸업에 따른 임금 격차를 줄이는 것만이 이 문제를 해결할 유일한 방책이다.

최근 젊은이들의 사회 불만이 날로 높아져가고 있다. 이들은 기성세대에 대한 반감을 가질 뿐만 아니라 정치를 불신하고 부자를 증오하기도 한다. 소수의 젊은이가 이렇다면 문제될 게 없지만 문제는 대다수의 젊은이가 이렇다는 데 문제의 심각성이 있다. 어느 개그맨의 개그를 통해 유행된 것처럼 우리 사회가 "1등만 기억하는 더러운 사회"가 아니라고 그 누가 장담할 수 있겠는가. 하루빨리 최종학교 졸업장에 따른 임금 격차를 없애고, 나아가 일류만이 아니라 이류 삼류도 인정하는 사회풍토를 조성해야 한다.

결론은 신분에 따른 대우가 아닌 능력에 따른 대우가 뒤따라야 한다. 학벌이 아닌 학력(學力)에 따른 대접을 받아야 한다. 노동의 난이도에 따른 급여가 지불되어야 한다. 이런 사회가 조성되면 대한민국은 명실공이 선진국이 될 뿐만 아니라 국력 또한 비약적으로 상승할 것이다.

다시 자전적 이야기로 돌아오자. 나는 방위산업체였던 대우중공업의 품질관리과에서 일했다. 금속의 표면을 현미경으로 관찰하거나 마이크로미터 등의 정밀측정기를 가지고 측정을 했다. 그 일은 한마디로 정적인 일이었다. 입사한 지 일 년 쯤 지날 무렵 나는 상관에게 근무 부서를 옮겨 줄 것을 요청했다. 그 이유를 묻는 상관에게 나는 정밀측정 업무가 적성에 맞지 않는다고 솔직하게 말했다. 나를 어여삐 여긴 상관은 내 청을 들어주었고, 얼마 후 기술연구개발부에서 일하게 되었다. 당시 대우중공업은 굴삭기를 만들기 위해 일본의 히타치 굴삭기를 분해하여 연구하고 있었다. 이 부서에서는 직원의 능력과 기술에 관한 아이디어를 중시했다. 직원의 아이디어가 상용화 될 가능성이 엿보이면 실패의 위험을 무릅쓰고 개발에 착수했다. 내 적성에 딱 맞는 일이었다. 그리고 몇 년 후에는 구매과에서 일했다. 부서의 성격상 회사에 있는 날보다 전국에 흩어져 있는 거래처에 있는 날이 더 많을 정도로 출장이 잦았다. 그 무렵 내 꿈은 기업을 경영하는 것이었다. 삶의 길이 정해지자 많은 것이 달라졌다. 무엇보다 사람들을 만날 때 겸손을 잃지 않았고, 구매과 업무를 꿰뚫기 위해 내 업무와 상관없는 동료들의 일을 적극적으로 도왔다. 당장에 자존심은 상하고 힘은 좀 들었지만 나중에 회사를 경영할 때 그것들이 밑천이 될 거라고 생각하니 의욕이 샘솟았다.

그 무렵에 나는 방송통신대학에 다녔다. 주경야독의 시절이었다. 경영학이 전공이었는데, 나를 잘 모르는 사람들은 국가기술자격증을 취득한 기능사가 기계공학이 아닌 경영학을 전공한다는 게 생뚱맞다고 말한다. 경영학은 내가 중소기업 CEO가 되었을 때 반드시 알아야 할 분야였다. 그렇듯 꿈은 나로 하여금 퇴근 후 술집이 아닌 학교로 향하게 만들었다. 나는 회사 업무로 지친 심신을 이끌고 출석 수업을 듣기 위해 버스를 탔다. 어쩌다 자리가 나서 앉으면 곧바로 잠이 들어 자주 내려야 할 정거장을 지나쳤다. 그리고 5년 후 나는 학사학위 과정을 무사히 마치고 학사모를 썼다.

나는 공부를 좀 더 하고 싶었다. 그래서 한양대학교 대학원 경영학 석사과정 시험에 응하여 합격했다. 그런데 석사과정은 학사학위 과정과 비교도할 수 없을 만큼 힘이 들었다. 무엇보다 낮에 출근하여 회사 일을 해야 하므로 공부 시간이 부족했다. 대학원 과제를 수행하기 위해서는 수면 시간을 줄이는 것 외에 다른 방도가 없었다. 일주일에 세 번 강의를 들으러 학교에 가는 날에 몸은 물먹은 솜처럼 무거웠지만 마음은 가벼웠다. 새로운 지식이 차곡차곡 쌓인다고 생각하니 저금통장에 돈이 쌓이는 것 이상으로 기분이 좋았다. 결국 나는 한양대 대학원 경영학 석사과정 논문이 통과되어 졸업했다. 대학원 공부를 시작한 지 만 6년 만이었다. 총장님으로부터 학위 증서를 수여받던 날 가족들이 보는 앞에서 하마터면 눈물을 흘릴 뻔했다.

상법학(商法學) 박사가 되다

효창산업이 자리를 잡기 시작하면서 나는 공부를 다시 시작했다. 한양대학교 대학원 경영학 석사과 정을 마쳤지만 나의 학구열은 식을 줄 몰랐다. 새로운 책을 구입해서 공부할 때의 기분은 마치 한 번도 가보지 않은 미지의 땅을 밟아보는 것처럼 마음이 설랬다. 돌이켜보면 나는 학위 취득을 목표로 공부한 게 아니라 학문적 호기심이 있어 공부를 계속하다 보니 학위가 주어진 것이었다.

나는 박사과정 등록을 앞두고 진로에 대해 고민했다. 주경야독을 하며 석사과정을 마치기까지 힘들었던 시간들이 떠올랐다. 하지만 나의 몸과 마음은 계속해서 공부하기를 원했다. 마치 아기를 낳은 어머니가 출산의 고통을 까맣게 잊어버리듯 나는 그동안 공부하느라 힘들었던 시간들을 모두 잊고 있었다. 그리하여 나는 조선대학교 대학원 상법학 박사 과정에 적을 두고 다시 공부를 시작했다. 굳이 전라남도 광주에 있는 조선대학교에 학적을 둔 것은 정치적 동기가 작용했기 때문이었다. 알다시피 내 출신은 전라남도 영암이지만 성장은 부산에서 했다. 나는 지역 감정이란 말뜻을 모른 채 성장했다. 그런데 직장 생활을 하고 정치에 관심을 가지게 되면서 그 뜻을 알게 되었다. 참으로 심각한 한국적 병폐였다. 앞서 밝혔듯이 나의 정치적 과업은 중소기업 활성화 정책을 시행하고 기술자가 대접받는 사회를 건설하는 것이다. 여기에 한 가지 덧붙인다면 이 땅에 지역감정이란 말이 발붙일 곳 없는 사회를 만들고 싶다는 것이었다.

5·18민주항쟁의 도시에서 한나라당 부대변인을 지낸 정치인이 공부한다는 것은 상징적 의미가 있었다. 사실 지역감정이란 말은 정치인들이 만들어낸 말일 뿐이다. 잠잠하다가도 선거 때가 되면 지역감정이란 말이 불쑥불쑥 튀어나와 민심을 동요케 하는데, 이는 그것을 표로 연결시키고자 하는 정치공학일 뿐이다. 전라도에서 태어나 경상도에서 성장한 나는 그것을 누구보다 잘 안다. 시간이 흐르면서 지역 감정을 말끔히 청소하는 것을 소명처럼 여기게 되었다. 내가 광주에 있는 조선대학교에서 박사 과정을 밟기로 한 것은 그러한 정치적 동기가 작용했기 때문이었다.

한편 경영학 석사 학위를 취득한 내가 박사 과정에서는 전공을 바꿔 상법학을 공부한 것은 중소기업 CEO로서 상법을 알아야 힐 필요성을 상하게 느꼈기 때문이었다. 상법은 경영의 최일선에 있는 실용적 학문으로 넓은 의미에서 경영학의 한 갈래였다. 또한 학문 간의 통섭과 융합의 원리를 실천하고자 하는 동기도 작용했다.

나는 박사 학위 과정을 이수하기 위해 서울에서 광주로, 다시 광주에서 서울로, 어떤 때는 광주 시내 모텔에서 밤을 새우며 공부하기도 했다. 그리고는 이튿날 다시 회사로 출근하여 일했다. 이렇게 5년 동안 주경야독을 했다. 광주와 서울을 오가며 끝날 것 같지 않던 공부가 어느덧 학위 심사 과정만 남겨놓았다. 나는 당당하게 박사학위 논문심사를 통과했다. 총장님으로부터 학위수여식이 있던 날, 난생 처음으로 나 자신이 자랑스러웠다.

박사 학위를 따고 나서 얼마 후 심리상담사 3급 자격증을 취득했다. 상담심리학 공부는 진작부터 하고 싶었지만 석·박사 학위 취득 공부에 순위가 밀려 숙제처럼 미뤄오던 것이었다. 사실 나는 오래 전부터 마음이 아픈 사람들을 돌보고 싶었다. 몸이 아프면 의사에게 진료를 받고 주사를 맞든가 약을 먹으면 되지만 마음이 아픈 사람은 속수무책인 게 현실이었다. 선진국들은 국가적 차원에서 직장에 심리상담 전문가를 두고 마음이 아픈 사람들에게 도움을 주고 있다. 그리고 정신과 병원을 찾기 전에 심리상담소를 찾고, 심리상담소는 동네마다 병원만큼이나 많다. 선진국에서는 마음이 아픈 사람들이 정신병원에서 약물 치료를 받기 전에 반드시 심리상담사의 상담을 받게 한다. 아쉽게도 우리나라는 이러한 제도가 없다. 또 선진국은 초·중·고 학교에 심리상담 전문가가 상주하며 학생의 고민거리를 수시로 상담하고 있다. 반면에 우리나라의 경우는 상담교사가 있기는 하지만 심리상담 교육을 받지 않은 일반 선생님이 학생이 상담을 요청하면 방과 후에 마지못해 응하는 실정이다. 학생의 자살률이 높은 우리나라에서 심리상담가의 필요성은 절대적이다. 자살을 예방하기 위해서는 선진국 사례에서 보듯이 심리상담 전문가는 근무시간 중 일정한 장소에 상주하고, 학생들은 언제든지 그곳을 노크할 수 있어야 한다.

내가 상담심리학을 공부할 당시에 그 분야는 불모지나 다름없었다. 공부를 하고 싶지만 상담심리학을 가르쳐주는 교육기관이 없었다. 상담심리학을 공부하기 위해서는 대학의 심리학과에 입학하여 따로 상담심리학을 공부하거나 대학원에 진학해서 상담심리학을 전공해야 했다. 교육여건이 이렇다 보니 심리상담사 자격을 인증하는 기관도 없었다. 지금은 사정이 조금 나아져 일부 대학에 상담심리학과가 생겼고, 비영리법인에서 관련 자격증을 발급하기도 하고 교육도 한다. 또한 교육부에서 전문 상담교사를 각 학교에 배치하고 여성가족부에서는 청소년 상담사, 노동부는 직업 상담사와 정신보건임상심리사를 양성하고 있다. 내가 보기에 국가기관의 그러한 노력은 형식에만 치중할 뿐 별로 효과가 없어 보인다.

전문 상담이란 내담자의 내밀한 고백을 들어주는 정도의 수준을 넘어 상담자는 내담자에게 강한 유대감과 신뢰감을 심어주어야 한다. 그런 만큼 상담자의 말실수 하나도 상대방에게 커다란 영향을 끼친다. 그러므로 상담 심리학 관련 교육 과정을 마친 뒤 소정의 시험을 통과한 전문가가 필요한 것이다.

앞서 말했듯 나는 마음이 아픈 사람들을 돌보고 싶었다. 헐벗고 굶주린 사람에게 일용할 양식이 필요하듯 마음이 아픈 사람들에게는 전문 상담사가 필요한 것이다. 선진국에서는 마음이 아픈 사람이 정신병원에서 약물 치료를 받기 전에 반드시 심리 상담을 받는다. 나는 우리나라도 이런 제도가 필요하다고 본다. 정신병원은 심리상담보다 약물치료 위주로 환자를 진료한다. 무슨 말이냐 하면 정신과 병원은 마음보다는 뇌를 물리적으로 치료한다. 단지 마음이 아픈 사람이 정신병원을 찾아가면 엉뚱하게 뇌를 치료하는 우를 범하기도 한다. 나는 병원처럼 심리상담소가 동네마다 있어야 한다고 본다. 감기가 걸리면 동네 병원을 찾아가듯 마음이 아픈 사람은 심리상담소를 찾아가야 한다. 심리상담사는 내담자가 마음이 아픈지 뇌가 잘못 되었는지를 가려야 한다. 이러한 시스템을 갖추기 위해서는 정치인들이 이 문제에 관심을 가져야 하고 국가 차원의 관리가 필요하다.

자살은 마음이 아픈 사람들이 충동적으로 저지르는 범죄이다. 나는 자살을 범죄로 규정한다. 일반 범죄와 다른 게 있다면 자살자를 처벌할 수 없고 가해자가 동시에 피해자가 된다는 점이다. 현행법은 자살을 방조한 사람이나 교사한 사람을 벌하고 있다. 국가는 범죄 예방 차원에서 자살 문제를 다루어야 한다.

현재 우리나라 청소년 사망자 10명 중 3명이 자살로 사망한다. 청소년 전체 사망자 중 자살로 인한 사망률은 2000년에 약 14%에서 2009년에 약 28%로 2배 증가했다. 이처럼 청소년 사망 원인 1위가 자살일 정도로 문제가 심각한데도 자살 예방 대책들은 백약이 무효하다. 청소년 자살의 주요 원인은 대인관계 스트레스, 우울증 등 대부분 정신건강 문제인 것으로 조사됐다. 정부는 모든 학교에 하루 빨리 전문 심리상담사를 배치해야 한다. 또한 정기적으로 자살 예방 교육을 하고, 자살 고 위험군에 속하는 청소년들을 조기에 가려내어 심리상담을 해야한다. 또한 정부는 각 학교와 지역사회의 정신보건네트워크를 구성하고, 정신건강의학에 관련된 기관의 유기적인 연계와 협조 요청이 들어오면 즉각 수행할 수 있는 시스템을 구축해야 한다. 나는 국가 주도로 청소년 자살 예방 프로그램을 개발해야 한다고 생각한다. 복지 관련 전문가들, 이를테면 전문 심리상담사, 임상심리사, 사회복지사, 보건교사, 의료 전문가들이 공동으로 사용할 수 있는 프로그램의 개발이 필요하다. 뿐만 아니라 정신건강에 취약한 청소년들이 스트레스를 줄이거나 대처하는 능력을 가르쳐주는 프로그램을 마련하고 24시간 응급진료 체계처럼 상담 체계를 마련해야 한다. 청소년은 충동적인 성향이 강하다. 따라서 자살과 관련한 자극적인 언론보도가 청소년에게 영향을 미치지 않는 방안을 강구해야 한다. 청소년 자살 예방을 위해서는 교육과학기술부, 여성가족부 등 관계 부처와의 협력이 강화되어야 한다.

청소년 자살 문제 뿐만 아니라 저출산 고령화 사회의 노인 자살 문제도 심각하다. 나는 이 문제를 청소년 자살 문제와 같은 차원에서 다루어야 한다고 생각한다. 먼저 노인의 정체성은 청소년의 그것과 다르므로 따로 노인전문상담사를 양성해야 한다. 또는 자원봉사를 희망하는 주민을 대상으로 노인상담 및 자살예방 교육을 실시하여 현장에 파견하는 방안도 생각해 볼 수 있다. 노인전문상담사들은 심리적 어려움에 처한 노인들을 대상으로 우울증 검사를 하고, 말벗이 되어주는 등 일상생활을 노인과 함께 한다. 한 걸음 더 나아가 홀로 사는 노인의 집과 경로당, 복지센터 등의 시설을 직접 찾아다니며 전문적인 상담을 실시해야 한다. 자원봉사자들을 활용하면 공공예산의 한계성도 극복할 수 있고, 주민 스스로 지역의 문제를 해결하는 장점이 있다. 더 바람직한 것은 복지 차원에서 노인상담센터를 마련하고 체계적인 운영을 해야 한다.

나는 여건이 허락되면 상담심리사로 봉사하고 싶었다. 박사학위를 취득한 후 이 분야에 관심을 가지고 공부할 곳을 찾아보았지만 마땅한 곳이 없었다. 당시만 하더라도 사회는 상담심리학에 대해 관심이 적었다. 나는 대형 서점에 가서 상담심리학 관련 책을 사다가 독학을 시작했다.

예상대로 상담심리학은 심리학이 기초였다. 나는 책이 가르쳐주는 대로

G.프로이드와 K.융 등 심리학의 고전을 차례로 탐독하기 시작했다. 시간이 흐르면서 미로 같았던 심리학의 세계에 길이 조금씩 보이기 시작했다. 하지만 독학은 한계가 있었다. 나는 상담심리학 전문가의 강의를 들으며 공부하는 게 지름길이라고 판단했다. 그때 마침 동신대학교 사회교육원에 심리상담사 자격증을 취득하 과정이 있다는 것을 알았다. 나는 지체 없이 동신대학교로 달려가 등록했고, 그로부터 몇 달 후 상담심리사 자격증을 취득했다.

나는 상담심리사 자격증 취득 후 곧바로 봉사활동에 나섰다. 일주일에 한 차례씩 서울 남부지방검찰청으로 가서 소년범들을 상담했다. 폭행 등 각종 범죄로 구치소에 수감된 소년들에게 잘못을 뉘우치게 하고, 학업을 포기하지 않게 하는 상담을 주로 했다. 비행 청소년 배후에는 언제나 청소년의 성장을 가로막는 환경이 있었는데, 그들은 대부분 가출 청소년들로 부모의 사랑을 받지 못한 채 성장했다. 나는 그들의 후견인이 될 것을 자청했고, 일회성 봉사를 경계하며 지속적인 관심을 기울였다. 그들에게 책이 필요하면 책을 사주었고 사랑이 필요하면 사랑을 주었다. 그때 깨달은 것은 봉사는 남을 위한 게 아니라 나 자신을 위한 것이라는 사실이었다. 봉사를 계속 할수록 영혼이 맑아지면서 충만한 기쁨이 오는 것을 느꼈다. 그러므로 그것은 타인을 위한 봉사가 아니라 자신을 위한 봉사였다. 청소년들이 수감된 구치소를 방문하고, 상담을 통해 그들의 절망과 비관을 희망과 꿈으로 돌려놓았을 때의 뿌듯함은 이루 말로 다 설명할 수가 없다. 세월이 지나고 보니 박사학위 취득보다 심리상담사 자격증을 딴 게 더욱 값지고 가치 있었다.

나는 겸임교수로 가천대학교에서 강의하고 있다. 회사일로 바쁘지만 젊은 학생들과의 소통에 의미를 부여하고 어느덧 4년째 일주일에 한 번씩 학생들을 만나고 있다. 내게 배우는 학생들은 경영학과 4학년들로 취업을 앞두고 있는 학생들이다. 나는 그들에게 사회에 첫걸음을 내딛는 초년생으로 반드시 갖춰야 할 덕목을 가르치고 있다. 또 취업의 눈높이를 조금 낮춰 대기업이나 공기업이 아니더라도 중소기업에 취업하여 실력을 발휘해 보라고 적극적으로 권장한다. 중소기업은 그 특성상 조직적이고 분업적인 대기업과 달리 여러 분야의 일을 할 수도 있다. 대기업에서 배우지 못하는 것들을 중소기업에서는 배울 수가 있으며, 그러한 경험은 나중에 창업의 소중한 밑거름이 된다. 또 나는 학생들에게 글로벌시대에 맞는 사고를 하라고 강조한다. 해외로 나가 견문을 넓히고 이질적인 문화를 접하면 창의적인 생각을 많이 할 수가 있다고 가르친다.

나의 젊은 시절과 달리 요즘 젊은이들은 참으로 좋은 환경에서 일한다. 이른바 직장 내 민주화가 이루어져 상관들은 부하직원들을 함부로 하지 않는다. 또 옛날처럼 여직원들을 성적으로 차별하지도 않는다.

내가 보기에 요즘 젊은이들은 권리의식은 강한 것 같은데 의무의식은 희박한 것 같다. 또 자신의 손해는 참지 못하고 분개하는 반면에 사회적 불의에는 관대하다. 한마디로 말해서 이기적이다. 이런 태도를 버리지 않는 한 사회생활을 잘 할 수가 없다. 회사를 다닌다는 것은 조직생활을 한다는 것이다. 조직이 유지되려면 다소간의 희생과 양보가 뒤따라야 한다. 모든 사람들이 의무를 등한시하고 권리만 주장한다면 그 조직은 금세 와해되고 만다. 취직시험에는 반드시 면접이라는 관문이 있다. 회사마다 조금씩 정도의 차이는 있겠지만, 대부분의 회사는 필기시험과 면접시험의 비중을 같이 두거나 오히려 면접시험에 가중치를 부여한다. 면접시험에서 가장 중요한 항목은 피시험자의 사회성이다. 그런데 이것은 신체의 은밀한 부위에 있는 점처럼 잘 보이지 않는다. 그래서 모 기업의 시험관들은 피시험자들을 호프집으로 데려가서 함께 맥주를 마시고 노래방에 가기도 한다. 심지어는 3박 4일간 합숙을 하며 피시험자의 인성을 파악하기도 한다.

나는 취업을 앞둔 학생들에게 권리보다 의무를 다하라고 강조한다. 회사

나, 우리, 국가, 세계, 그리고 중소기업

가 나에게 해준 게 무엇이냐고 따지기 전에 내가 회사를 위해 한 게 무엇인지를 먼저 성찰해야 한다. 또 세상이 나를 알아주지 않는다고 탓하기 전에 내가 먼저 세상에 대해 모름을 탓해야 한다고 가르친다.

젊은이들은 미래의 주역이다. 오늘날에는 내가 이 사회의 주역이 되어 활동하고 있지만 오래지 않아 나는 물러나고 그 자리를 젊은이들이 차지할 것이고 이 나라를 이끌어나갈 것이다. 아닌 게 아니라 학생 한 명 한 명은 우주처럼 귀한 존재이다. 나는 제자들을 사제지간이라는 종적인 관계로서가 아니라 수평적 인간관계로 그들을 대한다. 학생들은 그런 내 진심을 알아주어 때로는 큰형님으로 때로는 삼촌처럼 대하며 고민거리를 털어놓기도 한다. 일주일에 한 차례씩 다가오는 강의가 기다려지는 것은 그런 학생들이 있기 때문이다.

내 인생 **최고의 대박**, 아내

얼마 전 TV프로에서 인상 깊은 이야기를 들었다. 명사들이 출연해 자신의 인생역정을 담담하게 풀어내는 프로였는데, 거기에 출연한 명사의 결혼 이야기가 눈길을 끌었다. 발명왕이라는 별명이 붙은 그는 사업으로 큰돈을 벌었고, 노년에 접어든 이즈막에는 젊었을 때부터 관심이 많았던 사회사업을 실천하고 있었다. 그 명사의 젊은 시절은 시련 그 자체였다. 어떤 날은 쌀독에 쌀이 한 톨도 남아 있지 않았다. 그래도 아내는 남편에게 돈을 벌어오라는 말을 하지 않았다고 한다. 그렇게 명사의 아내는 10여 년 남편을 내조했다.

나의 아내도 그렇게 내조했다. TV프로에 출연한 명사보다 더 오랫동안 아내는 나에게 헌신했다. 효창산업을 세운 직후 공장에서 숙식을 해결하던 시절이었다. 생활비를 한 푼도 갖다 주지 못했음에도 불구하고 아내는 도시락을 정성껏 쌌고 세탁한 옷을 챙겨서 공장을 방문했다. 그때 아내가 싸온 도시락이 어찌나 맛있었던지 20여 년이 지난 지금도 그 맛에 대한 기억이 선명하다. 사업이 제 궤도에 오른 뒤 이름난 식당에서 산해진미를 맛보았지만, 그때 아내의 도시락 밥맛에 비길 수 없었다.

아내와 결혼하기 전에 다른 여성과 여러 번 맞선을 보았다. 맞선 상대와 데이트를 하면서도 내 관심은 오로지 사업에 가 있었다. 눈치도 없이 분위기 좋은 커피숍이나 레스토랑 같은 데서도 사업이야기를 했다. 어떤 상대는 그런 나를 일중독에 걸린 환자로 치부했는지 이렇게 말하기도 했다.

"이럴 바엔 회사에 나가 일하고 씨름할 것이지 이 자리에 뭐 하러 나왔어요?"

나 홀로 신이 나 일하고 관련된 이야기를 지껄이는 남자를 여자는 더 이상 봐줄 수가 없었던 모양이었다. 연애를 잘 하려면 상대방과 나의 공통 관심사를 찾아서 그걸 이야기해야 한다. 하지만 나는 번번이 상대방을 배려하지 못하고 내 이야기만 늘어놓다가 비호감 인간으로 낙인 찍혀버렸다.

그러는 사이에 친구들은 하나 둘씩 장가를 들었다. 마누라를 휘어잡겠다고 큰소리 뻥뻥 치던 녀석들은 몇 달 못가 칼퇴근을 했다. 어느덧 나는 그런 친구들이 은근히 부러워지는 나이가 되었다.

나는 친구들의 결혼식에 사회를 도맡아 했다. 결혼식이 끝난 뒤 피로연에서 신부의 친구들과 자연스럽게 만남의 시간을 가졌고 그 중 몇 분과는 따로 만나 서로에 대해 알아보는 시간을 가지기도 했지만 진정한 인연은 보이지 않았다.

그런 어느 날 영원히 내 눈에 띄지 않을 것 같았던 내 짝이 마침내 나타났다. 영암 군청에서 근무하고 있던 죽마고우 오창재의 결혼식 날이었다. 그날도 나는 사회를 보았다. 그런데 신랑의 누나가 내게 참한 아가씨를 소개할 테니 모일 모시에 모커피숍으로 나오라고 했다. 친구의 누나는 아마도 결혼식 사회를 맛깔스럽게 진행한 내가 내심 고마웠던 모양이었다.

그렇게 해서 만난 여자가 지금의 아내였다. 먼저 약속 장소에 나와 다소 곳이 앉아 있는 여성을 보는 순간 내 아내가 될 거라는 느낌을 받았다. 지금 생각해보면 그런 예감은 엉뚱하고 요령부득이기까지 하지만 아무튼 그 때는 그랬다. 사람의 행동은 합리성이 바탕이 된다기보다 즉흥적이고 경향성을 띤다는 심리학의 이론은 그 당시 내 행동을 보면 알 수 있다. 아무튼 나는 그 여성이 나의 아내가 될 것 같은 예감이 들어서 그런지 자신감 있는 언행을 보였다. 다행히 그 여성도 내게 호감을 보였고, 이후 우리는 급속히 가까워졌다.

돌이켜보면 그날 결혼식 사회를 보지 않았더라면 나는 지금의 아내를 만나지 못했을 것이다. 50줄이 넘은 이즈막에 이르러서야 비로소 인연의 오묘함을 깨닫는다.

당시 아내는 은행원이었다. 은행원은 돈을 다루는 직업인만큼 매사에 계산이 정확하며 정이 없을 거라는 선입견이 있다. 나도 처음에는 그런 선입견으로 아내와 교제를 시작했다. 시간이 흐르면서 그것은 그야말로 근거

없는 선입견에 불과하다는 사실을 깨달았다.

나는 19평 아파트를 장만하자마자 결혼했다. 당시 우리나라 경제 수준을 감안하면 19평은 결코 작은 평수가 아니었다. 나는 그 아파트를 장만하기 위해 근검절약했다. 아파트분양 계약서를 보며 미래의 신부를 상상하곤 했는데, 드디어 그 신부가 나타난 것이다. 그때 당시를 회상하면, 19평 아파트는 내가 살아야 할 집이라기보다 아내에게 주는 결혼 선물이었다.

결혼 이후 아내는 한결같이 나를 향해 무한한 신뢰를 보여주었다. 아이 셋을 낳아 기르면서 은행을 다녔다. 남편의 사업이 자리를 잡을 때까지 아내는 희생을 마다하지 않았다. 사업 초창기에 아내의 그런 희생이 없었더라면 오늘의 나와 효창산업은 없었을 것이다. 무엇보다 아내는 남편과 아이들에게 헌신적인 엄마이고, 시부모님께는 착한 며느리였다. 또 늘 그림자처럼 내 곁에서 묵묵히 내조했다. 지금까지 단 한 번도 아내는 내가 하는 일을 가로막거나 하지 않았다. 남편의 생각과 판단에 참견하고 싶은 마음이야 왜 없었겠는가. 하지만 아내는 인내심으로 묵묵히 나를 곁에서 지켜보기만 했다.

나는 이제부터라도 집안 대소사는 물론 사업에 관한 판단이 필요할 때 아내의 견해를 물을 것이다. 아내와 나는 한 배를 탄 운명의 공동체라는 것을 느낀다. 그 배를 타고 우리는 먼 바다를 항해하고 있는 것이다. 우리가 탄 배가 항구에 무사히 정박하기 위해서는 서로 협력해야 한다는 것을 나는 깨닫는다. 지금까지 나는 배의 키를 혼자 잡은 채 독단적으로 방향을 잡았다. 하지만 이제부터 그렇게 하지 않을 것이다.

나랏일을 하기 전에 집안을 잘 돌봐야 하고, 집안을 잘 돌보지 못하는 가장은 나랏일을 할 자격이 없다는 말은 참으로 옳다. 또한 백지장도 서로 맞들면 낫다는 말이 있듯 나는 아내의 견해를 존중할 것이다. 민주주의 원리는 나랏일을 하는 데도 필요하지만 한 가정의 경영에도 유익하다.

중국 고사에 이런 이야기가 있다. 어느 날 임금이 돌덩이 한 개를 들고 와 신하들에게 이 돌의 무게를 맞춰보라고 했다. 신하들은 제각각 돌의 무게를 말했지만 아무도 그 돌의 무게를 맞추지 못했다. 임금은 수리에 밝은 한 신하에게, 신하들이 제각각 말한 돌의 무게를 모두 더한 뒤 이 자리에 있는 신하들의 수를 나누라고 명했다. 말하자면 평균값을 구하라는 말이었다. 수리에 밝은 신하는 금세 답을 구하였다. 그러자 임금은 저울을 가져와 돌의 무게를 달았다. 놀랍게도 그 돌의 무게는 수리에 밝은 신하가 구한 답과 정확히 일치했다.

이러한 중국 고사의 이야기처럼 민주주의 원리란 바로 그런 게 아닐까 싶다. 내가 중국 고사를 인용한 것은 사회의 가장 작은 단위이기도 한 가정에서 민주주의 원리를 실천하겠다는 말이다. 아무튼 나는 아내에게 늘 감사한다. 연애시절에도 써본 적 없는 편지를 이즈막에 한번 써 볼 참이다. 젊은 베르테르가 연인에게 쓴 것 같은, 세상에 단 하나밖에 없는 연서(戀書)를 말이다.

내 인생의 큰 밑천, 수박장사

20대를 갓 넘겼을 때였다. 대우중공업을 다니며 직장생활을 하던 나는 어느 날 문득 수박장수를 해보기로 마음먹었다. 지금 생각해보면 그 생각이 좀 뜬금없긴 하지만 평소 호기심이 많던 나는 다른 세계를 경험해보고 싶었다. 색다른 세계의 경험이라면 보통 외국 여행이나 오지 체험 같은 것을 떠올릴 테지만, 나는 그런 것 말고 진정한 서민의 삶을 체험하고 싶었다. 이런 저런 궁리 끝에 나는 트럭 수박장사를 하기로 마음 먹었다.

먼저 트럭은 회사 거래처 사장님에게 부탁을 해서 기간을 정하고 빌렸다. 거래처 사장님은 내 말을 듣고 나서 기특한 생각이긴 하지만 쉽지만은 않을 거라면서 트럭 대여를 망설였다. 나는 만약 트럭을 빌려주지 않으면 회사와의 거래에 불이익을 줄 수도 있다고 농담조로 말했다. 트럭 대여는 물론 유상이었다.

7월 어느 날 새벽, 나는 100만 원을 주머니에 넣고 서울 가락동 농수산물 시장으로 트럭을 몰고 갔다. 전국 각지에서 생산된 수박 경매에 참가하기 위해서였다. 그런데 문제가 생겼다. 나는 가락동 농수산물 주식회사의 사원이 아니기 때문에 입찰에 참가할 수가 없었다. 지금도 그렇지만 당시에도 일정한 자격이 있어야 경매에 참가할 수 있었다. 이대로 포기하고 돌아갈 수 없었다. 나는 수박을 경매에 붙이기 위해 막 상경한 수박 트럭 한 대를 세운 뒤 협상했다. 어차피 경매에 붙여 팔 수박이라면 나에게 팔라고 말했다. 수박 주인은 잠시 생각에 잠기더니 수박 한 통에 3천 3백 원을 쳐주면 내게 몽땅 팔겠다고 했다. 나는 그 제안을 수락하고 수박을 트럭으로 옮겨 싣기 시작했다. 온몸에 땀이 줄줄 흘러내렸다. 트럭에 산더미처럼 쌓인 수박을 빈 트럭에 모두 옮겨 싣고 나니 날이 훤히 밝아왔다. 팔은 아팠지만 곧 수박을 팔 것이라는 기대감에 피로를 잊었다. 그때 등산복을 입고 지나가던 사람이 수박 값을 물었다. 나는 지체 없이 한 통에 만 오천 원이라고 대답했는데, 그 수박 값은 사전에 조사한 소매값이었다. 행인은 군말 없이 3만 원을 내고 수박 2통을 사갔다. 첫 수박 판매를 성사시킨 나는 이루 말할 수 없이 기뻤다.

나는 수박트럭을 몰고 내가 살던 동네로 왔다. 트럭 양쪽 문을 활짝 열어놓은 채 운전석에 앉아 손님이 오기를 기다렸다. 그런데 수박을 사러 오는 손님이 없었다. 그러다가 점심 무렵이 되니까 하나 둘씩 손님들이 와서 수박을 사갔다. 그러다가 2시쯤 되니까 손님이 끊겼고, 5시쯤 되자 다시 손님이 들기 시작했다. 나는 손님이 없는 동안 시간대별로 손님의 발길이 끊기도 다시 이어지는지 곰곰이 생각했다. 그때 나는 자본주의 기초적 원리를 나름대로 탐구했다. 즉 자본주의는 토지와 노동, 그리고 자본을 토대로 물건이 생산된다. 이것을 수박장사에 응용하면 토지에 문제가 있었다. 다시 말해 장사를 하는 길목에 문제가 있었다. 나는 장소를 옮겨 이번에는 목동 아파트 단지 입구로 옮겼다. 내 판단은 맞았다. 그때부터 수박은 꾸준히 팔리기 시작했고 배달 수요도 있었다. 나는 소비자의 요구에 맞춰 수박을 배달했다. 그런데 수박은 먹어버리고 돈을 내지 않는 사람들이 생겨났다. 외상으로 수박을 팔았기 때문에 소비자가 수박 값을 치루기 위해 수박트럭까지 와야 했으나 감감무소식이었다. 나는 수박을 배달한 아파트로 찾아 초인종을 눌렀지만 아무도 내다보지 않았다. 그런 집이 여럿 있었다.

수박을 열심히 팔았지만 트럭에 여전히 수박이 쌓여 있었다. 지금도 뚜렷이 기억난다. 7월 17일 제헌절 다음이 일요일이었는데, 그 이틀 동안 트럭에 쌓인 수박을 몽땅 팔아야 했다. 왜냐하면 월요일이면 출근해야 하고 수박은 시간이 지날수록 상품가치가 떨어졌다. 다급해진 나는 목동을 떠나 공장 종업원들이 많이 거주하는 가리봉동으로 갔다. 오늘날 가리봉동은 중국 교포를 비롯해 동남아시아 출신 근로자들이 많이 살고 있지만 당시에는 공장 종업원, 특히 여성 노동자들이 많이 살고 있었다. 특이한 것은 가리봉동 소비자들은 작은 수박만 찾았다. 작은 수박은 큰 수박에 비에 값이 저렴했기 때문이었다. 나는 또 이곳에서 큰 깨달음을 얻었다. 빈부차에 따라 수박 수요의 크기도 달라진다는 것이었다. 가리봉동에서도 나는 수박을 다 팔지 못했다. 그래서 인천 부평 현대아파트 앞으로 다시 트럭을 몰고 갔다. 그곳에서는 경비원이 수박장사를 막았고, 나는 수박 한 통을 상납한 뒤 겨우 허락을 받아 수박을 팔기 시작했다. 얼마 후 경비원들이 맞교대 했고 새로 온 경비원이 다시 수박장사를 막았다. 나는 다시 그 경비원에게 수박 한 통을 상납하고 수박장사를 재개했다. 그곳에서도 수박을 다 팔지 못했다. 결국 나는 트럭을 내가 사는 동네로 다시 몰고 왔다. 오는 길에 핸드마이크를 사서 '수박 사려!'를 외쳤다. 그 외침은 '맛있고 달달한 수박 사려!'로 점차 진화했다. 그런데 이때 또 문제가 생겼다. 경찰차에서 내린 경찰들이 다짜고짜 나를 경찰서로 끌고 간 것이었다. 알고 보니 인근 슈퍼마켓 사장이 나를 고소한 것이었다. 경찰서에서 나는 다시 가장 큰 수박 한 통을 상납했고, 핸드마이크를 사용하지 않는다는 조건 하에 장사를 다시 시작할 수 있었다. 밤이 되었지만 트럭의 수박은 아직도 많이 남아 있었다. 이튿날은 월요일이었고, 사정이야 어찌되었든 그날 밤 안으로 그 수박을 다 처분하지 않으면 안 되었다. 결국 나는 이웃에게 수박을 한 통씩 돌리는 인심을 썼다.

그때 수박장사를 해서 번 돈이 108만 원이었다. 100만 원이 본전이었으므로 8만 원을 번 셈이었다. 나는 알바로 시작한 첫 번째 사업 치고는 나쁘지 않은 성과였다고 자평했다. 무엇보다 그 수박장사에서 얻은 것은 결코 돈으로 사지 못할 소중한 경험을 얻었다.

이후 나는 옷 장사와 생선 장사를 계획했으나 실천하지 못했다. 길가 행인들을 상대로 옷을 팔고, 산동네에 비린내 나는 생선을 한가득 싣고 가서 아줌마들에게 꽁치와 갈치, 고등어 등속을 토막 내 비닐봉투에 담아주면 행복을 느낄 수 있을 것 같았다. 생선냄새를 풍기며 서민들에게 반찬거리를 팔며 행복해하는 내 모습을 상상해본다.

문화는 소중한 것이여!

광고카피 중에 "우리 것은 소중한 것이여!" 하고 말하는 게 있다. 나는 그것을 좀 패러디해서 "문화는 소중한 것이여!" 하고 말하고 싶다.

문화라는 말을 꺼내니 좀 거창한 느낌이 들지만, 나는 문화를 우리의 생활 그 자체라고 생각한다. 예컨대 우리나라 사람이 매운 김치를 끼니마다 먹는 것은 한국의 음식문화이고, 단독주택과 아파트 할 것 없이 방바닥을 데우는 온돌 방식은 한국의 주거문화이다. 한 마디로 문화는 그 민족의 생활방식이라 정의할 수 있다.

그렇다면 문화와 문명은 어떻게 다른가? 그것은 이렇게 정의할 수 있다. 정신적인 것은 문화요, 물질적인 것은 문명이라고 말이다. 그런데 이런 구분은 좀 편의적이라는 의심이 든다. 왜냐하면 문명 안에 문화적 요소가 있고, 문화 안에 문명적 요소가 있기 때문이다. 따라서 그 둘을 칼로 무 자르듯 나눈다는 게 무의미하게 보인다. 그런 이유로 오늘날 대다수의 학자들은 문명과 문화를 같은 용어로 쓴다.

　문화와 관련지어 또 생각해볼 것은 고급문화와 대중문화이다. 이와 관련지어 고급문화와 대중문화는 어떻게 구분할 것인가 하는 논의가 있다. 혹자는 두 문화는 귀족과 노예처럼 태생이 다르기 때문에 엄격한 구분이 필요하다고 한다. 또 혹자는 두 문화를 구분 지으려는 시도 자체가 무의미하고, 만약 그런 시도를 하려 한다면 그것은 사회계층 간의 구별 짓기를 하는 것에 다름 아니라고 한다. 즉, 대중문화는 중하위층 사람들이 즐기는 문화이고 고급문화는 상류층 사람들이 향유하는 문화라는 것이다.

　나는 대중문화와 고급문화를 구별하는 것은 문화와 문명의 구별처럼 무의미할 뿐만 아니라 구별이 불가능하다고 생각한다. 고급문화를 접하기 위해서는 비싼 값을 치러야 하지만 대중문화는 그렇지 않다거나, 그 내용이 사랑·배신·신분상승·연애와 결혼 등 인간의 말초신경을 자극하는 내용을 담고 있으면 대중문화라거나 하는 구별은 그 기준이 모호하다. 왜냐하면 그 내용이 인간의 말초신경을 자극하더라도 그 안에 심오한 철학과 사회성·역사성이 담겨있을 수 있기 때문이다. 프랑스 철학자 P.부르디외는 이렇게 말했다. 대중문화와 고급문화라는 용어가 생긴 것은 상류층에 의한 구별 짓기의 결과라고 말이다. 한 걸음 더 나아가 그러한 구별 짓기는 일종의 폭력이라고 한다.

주위를 둘러보면 우리 사회에도 구별 짓기가 만연하고 있다는 것을 알
수 있다. 고급 아파트 주민들이 이웃한 서민 아파트 사람들이 왕래하지 못
하게 통로를 막아버린다거나 자녀의 교육을 위해 소위 좋다는 학구로 이사
가는 행위도 넓게 보면 구별 짓기의 일환이다. 사회 통합을 위해서 이런 구
별 짓기는 사라져야 한다. 구별 짓기는 사회 갈등을 조장하기 때문이다.

오늘날 사회를 후기산업사회라고 한다. 산업이 고도화되면서 우리의 삶
에도 많은 변화가 일어났다. 물질적 풍요와 편리를 누리는 반면에 인간은
그것들로부터 소외되는 현상이 나타났다. 어두운 방구석에 하루 종일 웅크
려 있는 것도 인간소외지만, 진정한 의미의 인간소외는 가치의 전도에서 오
는 소외이다. 무슨 말이냐 하면, 예컨대 기계가 인간의 편리를 위해 만들어
졌지만 이제 그것 때문에 오히려 구속을 당하는 현상이 생겨난 것이다. 핸
드폰을 예로 들어보자. 핸드폰은 언제 어디서나 자유로이 타인과 통신할
수 있다. 그러나 그것을 집에 놓고 외출했을 때를 떠올려보라. 아마도 대다
수의 사람들은 그것이 손에 쥐어져 있는 않는 동안 안절부절못할 것이다.
편리를 위해 만들어진 기계가 이제 인간을 구속하고, 우리는 그것에 중독
된 채 살아가고 있다. 학자들은 이를 가치전도 현상이라고 하고, 그것이 인
간소외의 원인이라고 한다.

내가 문화를 강조하는 것은 문화가 우리의 삶에 들어오면 풍요로운 삶을
살 수 있다고 믿기 때문이다. 후기산업사회는 경쟁사회이고 스트레스가 많
은 사회이다. 인간소외가 만연해 있고, 도시는 욕망으로 들끓는다. 사람들
은 욕망을 채울 수가 없다. 욕망은 욕구와 달리 모델이 있다. 쉽게 말해 아

무개처럼 저택을 갖고 싶다거나 돈을 많이 벌고 싶다는 생각이다. 욕망은 필연적으로 사회적 갈등을 낳는다. 갈등이 심화되면 사회는 폭력이 횡행하고 거기서 더 나아가면 사회는 붕괴된다.

문화는 사회갈등을 해소하는 역할을 한다고 나는 믿는다. 문화 행위는 사람들 간의 소통을 원활하게 하고, 들끓는 욕망을 잠재운다. 예를 들어 사람들이 연극을 관람했다고 했을 때 그 연극을 관람한 사람들 사이에는 공통적인 화제가 생기고 생각을 공유하게 된다. 미술, 음악, 독서, 영화, 뮤지컬 등 장르를 가리지 않고 문화적 공감대가 형성된다. 종교 또한 그러한 역할을 할 수 있지만, 종교는 신념의 체계이므로 보편적이지 못하다.

갈등 없는 사회는 없다. 그렇다면 이 갈등을 어떻게 다스리느냐 관건이다. 좋은 문화 정책은 국운을 융성하게 하는 밑거름이 된다. 헌법 전문에서도 문화 창달을 강조하고 있다. 문화가 빈약한 민족은 장래가 없지만 문화가 꽃피는 나라는 번영이 뒤따른다. 역사적으로 살펴봐도 그렇다. 멀리 갈 것도 없이 조선 후기 영·정조 시대를 보면 알 수 있다.

오늘날 선진국을 떠올리면 예외 없이 그 나라의 문화가 상징처럼 떠오른다. 그것은 국가의 브랜드이다. 문화가 만든 국가 브랜드는 상품의 부가가치를 더한층 높여준다.

문화 활동의 중요성을 강조하다보니 지난날이 떠오른다. 대우중공업에서 직장생활을 하던 20대 때 일이다. 퇴근 후 나는 남부 청소년시립회관 직장인 연극학교로 달려가 무대에 올릴 연극을 연습했다. 강사는 김대중 정부 때 문화체육부 장관을 역임한 영화배우 김명곤 씨였다. 연극의 내용은 지금 정확히 기억나지 않지만 강원도 탄광을 무대로 막장 광부의 애환을 그린 작품이었다. 탄광에 갱도가 무너져 광부가 사망한 사고가 일어났고, 나는 기자 역을 맡아 수사관들과 석탄회사를 상대로 진실을 밝히는 데 일조하는 역이었다. 나는 김명곤 씨로부터 연극 뿐만 아니라 남도 창도 배웠다. 또 구성진 상여소리를 배웠는데, 친구 아버지가 돌아가셨을 때 나는 실제로 종을 잡고 상여소리를 시현했다.

남부 청소년시립회관 연극학교를 졸업한 나는 뒤이어 미추홀 연극단 단원이 되었다. 어떤 작품을 무대에 올렸는지 기억은 없는데 나는 그때 무대 위에서 상여소리를 했다. 연극이 끝나고 관객을 향해 인사를 하고 박수를 받으며 무대에서 돌아서려는데 누군가 내 이름을 크게 불렀다. 나는 뒤돌아 객석을 보았다. 객석 중간쯤에서 중년의 사내가 팔을 흔들고 있었다. 자세히 보니 영암영농조합장이었다. 나는 객석으로 내려갔고 그는 무대로 다가왔다. 무대 앞에서 그와 나는 만났다. 내가 영암에 있어야 할 사람이 여긴 어쩐 일이냐고 묻자, 서울에 볼일 보러 온 김에 내가 출연하는 연극을 보러 일부러 표를 끊고 들어왔다는 것이었다. 내가 연극을 한다는 무성한 소문이 고향까지 퍼진 모양이었다.

아무튼 지금 그때의 상여소리를 하라고 하면 자신이 없다. 기회가 닿으면 나는 상여소리를 다시 공부하고 싶다. 상여소리는 우리 민족의 한이 서린 소리로, 그 소리를 하거나 들으면 서러움에 목이 메고 뒤이어 가슴이 뻥 뚫리는 듯한 느낌을 받는다.

나, 우리, 국가, 세계, 그리고 중소기업

Chapter 3

사회정의를
위한 단상

  사랑을 받고 성장한 사람은 성인이 되어 타인을 사랑할 줄 알지만 사랑을 받지 못한 채 어른이 되어 버린 사람은 사랑을 할 줄 모른다. 나는 이 말이 설득력이 있다고 본다. 반드시 그런 것은 아니지만 범죄인들의 삶의 궤적을 추적해보면 성장기에 사랑을 받지 못한 채 성인이 되어 버린 경우가 많다. 타인의 목숨을 가벼이 여긴다든지, 인권을 우습기 여긴다든지 하는 경우가 그렇다. 이들의 어린 시절은 대개 불우하다. 고아나 한 부모 가정에서 자랐다든지, 할아버지나 할머니 아래에서 성장한 경우가 그런 경우인

데 이들의 공통점은 사랑을 받아야 할 성장기 때 사랑을 받지 못한 채 어느 날 갑자기 어른이 되어버렸다는 것이다. 사랑을 모른 채 성장했다는 것은 신체의 성장에 필요한 중요 영양소가 결핍된 경우와 같이 삶에 문제를 일으킨다. 그러므로 반사회적 성향을 보이는 사람들의 교화는 사랑을 가르치는 일이 급선무이다. 늦게나마 사랑을 받아보고 또 할 줄 아는 인간으로 변모시키는 프로그램을 시급히 도입해야 한다.

아쉽게도 현재 우리나라 교도행정은 재범을 방지하기 위한 직업교육에 쏠려 있다. 물론 직업교육도 필요하다. 하지만 이보다 더 중요한 것은 그들에게 사랑을 가르치는 일이다. 구체적 방법으로 후견인 제도를 적극 활용하면 된다. 청소년 범죄인의 경우 후견인 제도를 통해 그들과 수시로 소통하며 인간에 대한 관심과 사랑을 가르치는 것이다. 후견인의 모집은 각 사회봉사단체의 도움과 대학생 동아리를 활용하면 된다. 대학생의 경우 후견인 프로그램에 참여한 학생들에게 취업과 학점에 일정한 인센티브를 부여한다. 성인 범죄인 교화의 경우에도 청소년 범죄인 교화 사례에 준해서 프로그램을 개발하고 실천해야 할 것이다. 교도소 안에서 직업교육과 정신교육만으로는 교화에 한계가 있다.

사람들은 이 땅에 사회정의가 사라졌다고 말한다. 길거리 사람에게 만약 당신이 범죄현장을 목격했다면 어떻게 할 것인가 하고 물으면 열에 여덟은 못 본 체하고 그냥 지나갈 것이라고 대답한다. 왜냐하면 신고하면 경찰서에 오라 가라 할 뿐만 아니라 심지어 재판정에 나가 범인이 보는 앞에서 증언해야 하기 때문이라고 대답한다. 국민의 신고 정신이 희박한 데에는 다 그만한 이유가 있었다. 지금은 그나마 이런 제도적 문제점이 개선되어 증인이 재판정에서 범인과 맞닥뜨리는 일은 없다고 하지만 갈 길은 아직 멀다.

이런 논의가 있다. 정의사회의 조건으로 법과 제도의 완비가 최우선이라는 주장이 있는 반면에 국민의 정신개조가 최우선이라는 주장이 그것이다. 내가 보기에 이런 논쟁은 닭과 알 중에 어떤 게 먼저냐 하는 논쟁과 조금도 다르지 않다. 법과 제도, 그리고 국민정신의 개조는 선후를 따질 문제가 아니다. 마차가 두 개의 바퀴로 앞으로 가듯 건전한 사회는 바른 제도와 정신의 상호작용으로 이루어진다.

유럽에는 착한 사마리아인법이라는 게 있다. 심각한 위기에 처한 자가 구조를 요청했을 때 외면하는 자를 처벌하는 법이다. 착한 사마리아인이라는 말이 붙은 것은 그 법의 정신이 신약성서의 착한 사마리아인에서 유래하기 때문이다. 무슨 말이냐 하면 예수님이 어느 날 사마리아 지방에 나타나 설교를 했는데, 군중들이 예수님을 만나기 위해 구름처럼 모여들었다. 그때 어떤 사람이 길가에 쓰러진 채 사람들의 도움을 청했다. 군중 가운데 어느 누구도 발걸음을 멈추고 그 사람을 돕지 않았다. 예수님의 설교는 네 이웃과 심지어 원수조차 사랑하고, 누가 왼쪽 뺨을 때리면 오른쪽 뺨도 내밀어야 한다는 내용이었는데도 말이다. 그런데 딱 한 사람이 예수님에게로 향하던 발걸음을 멈추고 길가에 쓰러져 있는 사람을 구조해주었다. 아무도 그 사람의 이름을 몰랐다. 다만 그 사람이 사마리아 지방에서 왔다는 사실만 알 뿐이었다. 신약성서는 이 사람을 착한 사마리아인이라고 이름 지었다.

한때 우리나라에도 이 법을 도입하려는 움직임이 있었다. 일부 국회의원이 법안을 발의했지만, 발의 과정에서 흐지부지되고 말았다. 이 법안의 도입에 반대하는 국회의원들이 압도적으로 많았기 때문이다. 반대 논리를 요

나, 우리, 국가, 세계, 그리고 중소기업

약하면 이 법률이 시행되면 선의의 피해자가 생긴다는 것이었다. 심각한 위기에 빠진 어떤 자가 도움을 요청한다고 했을 때 그 위기가 심각한지 그렇지 아니한지 판단 기준이 모호할 뿐만 아니라 구조를 요청받은 자 또한 개인적으로 급한 볼일로 도움을 요청하는 자를 외면할 수도 있다는 것이다. 한마디로 그 법안은 법적 안정성에 심각한 결함이 있다는 이유였다. 또한 그것은 도덕의 영역에 법이 개입하는 경우라고 한다.

나는 착한 사마리아인 법을 우리나라에도 도입할 필요가 있다고 생각한다. 침해되는 법적 안정성은 판례를 통해 보완해 나가면 된다. 물론 우리나라는 미국의 판례법처럼 판례가 구속력을 갖지는 않지만, 법원(法源)으로서의 기능을 할 수 있다고 본다. 법은 상식을 따라간다. 거꾸로 상식이 법을 따라가지는 않는다. 위기에 처한 사람을 돕지 않고 외면하는 것은 사람 된 도리에 어긋나는 것이다. 사람 된 도리를 다하지 못한 자를 도덕적 비난만 하는 것으로 그친다면 사회정의는 요원해진다. 우리는 흔히 법이 물러서 흉악범죄 사건이 일어났다고 말하곤 한다. 맞는 말이다. 도덕의 영역에 법이 개입하는 경우라는 반론에 대해서 나는 이렇게 말하고 싶다. 위기에 처한 요부조자(要扶助者)를 돕지 않는 것은 결코 도덕이 될 수 없다고 말이다. 예컨대 길가에 쓰러진 요부조자가 119에 신고 좀 해달라고 마침 그 앞을 지나가는 행인에게 사정했지만 그냥 지나가버렸고, 그로 인해 제때에 응급조치를 받지 못해 목숨을 잃었다고 한다면, 요부조자의 구조요청을 외면한 그 자를 처벌하는 것이 정의로운 일인지 아니면 도덕적 비난만 하는 게 정의로운 것인지 따져볼 일이다. 나는 사회정의를 위해서는 정의롭지 못한 일을 한 사람에게 법적 강제력이 가해져야 한다고 생각한다. 길가에 침을 뱉거나 오물을 버리는 행위를 벌하는 것은 그 행위가 반도덕적 행위여서가 아니라 실정법을 위반했기 때문이다. 길가에 침을 뱉거나 오물을 투척하는 행위도 이러할진대 하물며 위기에 처한 요부조자를 외면하는 자를 벌하지 않는다면 법의 형평성에도 어긋나는 일이다. 범죄행위를 목격하거나 요부조자의 구조 요청 같은 상황에 국민 대다수가 방관적 자세를 취한다면 사회정의는 공허한 메아리일 뿐이다.

성장과 분배

　앞서 말한 정의사회, 혹은 살만한 사회를 만들기 위해서는 법과 제도의 마련이 우선시 되어야 하느냐, 아니면 국민정신개조가 전제가 되어야 하느냐 하는 논쟁의 연장선상에서 분배와 성장에 대해 언급해보자.

　몇 해 전에 성장이 먼저냐, 분배가 먼저냐 하는 문제로 나라가 시끄러웠던 적이 있다. 이 문제를 풀기 전에 먼저 세계의 경제의 흐름을 살펴볼 필요가 있다. 왜냐하면 바야흐로 세계 경제는 고리로 연결되어 있어 한 나라의 경제침체는 즉각 다른 나라로 전이된다.

　오늘날 회자되고 있는 세계화는 사실 1차 산업혁명 때부터 시작되었다. 시기적으로 보면 1800년대부터 1920년대까지 영국은 신흥시장에 엄청난 자본을 투자했다. 이렇듯 영국이 신흥시장에 자본을 투자한 것은 자국의 과잉 생산물을 판매할 시장이 필요했기 때문이다. 예컨대 배를 팔기 위해서는 항만시설이 필요한데 신흥시장은 산업발달이 미약하여 이러한 사회간접자본시설을 마련할 여력이 없었다. 영국은 적극적으로 신흥시장에 자본을 투자한 뒤 시차를 두고 자본을 회수해 나갔다. 네덜란드, 스페인, 프랑스 같은 유럽의 나라들이 영국을 벤치마킹했고 미국이 그 뒤를 이었다. 일본 또한 이 대열에 합류하여 우리나라를 식민지화 한 뒤 철도를 가설하는 등 사회간접자본시설을 마련했다.

이 시기에 교통과 통신이 눈부시게 발달하기 시작했고, 이것에 편승하여 국가 간 자본 이동과 노동 이동이 자유로웠다. 1914년까지만 하더라도 여권이란 것은 존재하지 않았다. 오늘날 회자되는 세계화의 시작은 이미 그때부터 시작되었다고 봐야 한다. 그러다가 세계대전과 러시아 혁명이 일어났고 일찍이 인류가 경험하지 못한 경제대공황을 맞았다. 뒤이어 세계는 이념으로 두 동강났고, 금융자본의 자유로운 이동에 제약이 가해졌다. 그러다가 1980년대를 전후로 새로운 변화가 일어났다. 1989년에 베를린 장벽이 무너졌고 몇 해 뒤에는 소련연방체제가 붕괴되면서 세계의 정치경제 체제가 자본주의 체제로 일원화되었다. 이 시기에 컴퓨터와 인터넷 기술이 발달하여 디지털 혁명이 일어났다. 바야흐로 세계는 다시 세계화의 급물살을 타게 되었다. 이때의 세계화는 산업혁명기의 세계화에 비해 규모와 속도가 빨라졌을 뿐만 아니라 그 규모와 참여국가의 수는 비교가 안 될 정도로 늘어났다. 또 과거에는 영국이 세계화를 주도했지만 이제는 미국이 주도하고, 국제통화기금(IMF)과 세계무역기구(WTO) 같은 국제기구가 나서 자유무역의 선봉장 역할을 하면서 개발도상국들의 자본시장 개방을 촉구하고 있다. 또 산업혁명기의 세계화는 철도, 증기선, 자동차 등 수송 부분에 혁신을 일으켰다면 오늘날은 컴퓨터와 통신기술이 결합된 네트워크가 비약적으로 발전했다. 또 과거에는 개발도상국이 원자재의 공급처와 완제품의 시장 역할을 했다면 지금은 다국적기업에 의해 물건이 생산되고 판매되는, 한마디로 세계가 거대한 하나의 시장으로 변모되었다.

주지하다시피 한국의 무역 경쟁력은 전자와 자동차, 조선 분야이다. 컴퓨터 보급률과 인터넷망 구축은 세계 최고 수준을 자랑한다. 인터넷망 구축의 경우 내로라하는 기술 선진국을 제치고 일등을 한 것은 우리나라의 인구 분포가 수도권과 대도시를 중심으로 밀집되었기 때문이 아닌가 한다. 아무튼 우리나라의 대외 경쟁력은 농업이 열세이고, 강성 노조와 관료주의, 그리고 지나친 행정규제 따위가 경쟁력을 높이는 데 걸림돌이 되고 있다.

세계화를 반대하는 정치인이 많다. 이들의 논리를 요약하면 개방화 정책을 펴면 펼수록 우리나라는 속빈 강정이 된다는 것이다. 제국주의가 기승을 부릴 때 약소국이 원자재 공급처와 완제품의 시장 역할을 했듯 오늘날에도 그와 같은 역사가 반복된다는 논리를 펼치고 있다. 나는 그들에게 묻고 싶다. 물론 그들이 주장하는 바와 같은 우려가 없는 것은 아니지만 현재 우리나라 경제력은 세계 10위권의 대국으로 성장했다. 과거와 같은 약소국이 더 이상 아닌 것이다. 부존자원이 없지만 우수한 인력이 많았기 때문에 이만큼 국가 경쟁력이 높아진 것이다. 이는 모두 윗세대 부모님들이 전답과 소를 팔아 자식을 공부시킨 결과이다. 물론 지나치게 높은 교육열이 가져온 부작용도 있기는 하다.

세계화를 반대하는 사람들은 세계화에 동참하지 않고 경제를 성장시킬 수 있는 대안을 제시하지 못한다. 그들은 반대를 위한 반대논리 찾기에 혈안이 되어 있는 듯이 보인다. 심지어 국가경쟁력을 높이는 것보다 인간의 행복추구가 더 중요하다는 말을 늘어놓기도 한다. 말하자면 인간의 행복추구가 먼저이고 국가경쟁력은 나중이라는 뜻이다. 이런 논리의 이면에는 인간의 행복은 빵이 아니라 정신이라는 생각이 깔려 있다. 물론 빵으로 행복을 살 수는 없다. 그러나 빵 없이는 행복할 수가 없다. 빵을 먹고 기운을 내야 행복을 느낄 수 있는 게 아닐까. 이야기가 다소 길어졌다. 다시 본론으로 돌아가자.

세계화에 따른 자유무역을 하면 이런 점이 좋다. 우선 독과점의 폐해를 방지할 수 있다. 독점과 과점은 시장가격을 왜곡시킨다. 우리나라 자동차 산업의 예를 들어보면 현대기아와 한국GM, 르노삼성의 과점체제로 한국GM과 르노삼성은 사실상 외국기업이다. 독점은 생산자가 가격 결정자가 되어버리고 과점은 담합하기 쉽다. 결국 시장가격을 왜곡시켜 소비자는 정상적인 시장가격보다 높은 가격에 물건을 구매하게 된다. 그러나 자유무역을 하면 이러한 독과점의 폐해를 방지할 수 있으며 공정거래가 이루어질 수 있다. 또한 기업은 품질 향상을 위해 노력하므로 결과적으로 국가 경쟁력을 높인다. 자유무역은 세계가 거대한 하나의 시장이 된다. 품질이 우수한 제품을 생산하는 기업은 전 세계 시장을 무대로 매출을 비약적으로 증대시킬 수가 있다. 또 생산시설이 전 세계로 분산되므로 개발도상국들도 선진국의 번영 파트너가 될 수 있다.

반면에 세계화에 따른 자유무역에 강한 거부감을 갖기도 한다. 역사적으로 살펴보면 19세기 전에는 자본주의 자체 모순에 의해 사회주의가 등장했고, 무역의 확대로 강대국의 식민지로 전락한 국가들이 나타났다. 국가의 주권이 상실되었고 착취 구조가 심화되는 부작용을 낳았다. 또 세계화는 상품, 서비스, 자본 등의 국제 거래를 통해 각 경제 주체의 대외 의존도를 심화시키고, 치열한 국제무역 결과에 따라 각국의 비교열위산업을 퇴출시킨다. 또 계층 간 소득의 양극화를 확대시키는 데도 한 몫을 하고 있다. 뿐만 아니라 국가 간 빈부의 격차가 심화되고 영어가 지구촌 공용화가 된다. 또 미국기업이 준수하는 법이 곧 세계의 규범처럼 여겨지기도 한다. 세

나, 우리, 국가, 세계, 그리고 중소기업

계가 하나의 거대한 금융시장이 되면서 헤지펀드가 기승을 부리고 외국 채권자의 권익이 자국 국민보다 우선시 되는 모순을 보이기도 한다. 거기다 자본의 이동이 자유로워지면서 국가부도 사태 같은 위험성이 상존한다. 약소 국민의 주체성이 상실되며, 과도한 경쟁으로 인한 비인간화, 윤리성 저하, 가치관의 상실 같은 문제를 불러일으킨다.

이러한 단점과 우려에도 불구하고 자유무역은 이루어져야 한다. 왜냐하면 세계화는 이미 깊고 폭넓게 진행되어 자급자족의 나 홀로 국가는 상상 속에서나 가능한 일이 되어버렸다. 그리고 무엇보다 우리나라는 국토면적이 좁은 데다 지하자원이 절대적으로 부족하다. 이런 국가는 국제적 교역을 통해 경쟁력을 높이는 길 외에는 생존에 다른 방법이 없다. 세계화의 문화적인 측면에서는 지역 및 국가 간의 다양한 문화 교류를 가져와 자국의 문화를 더욱 풍성하게 할 수 있는 기회를 가져다준다. 내전 후 폐허가 된 우리나라가 이만큼이나마 살게 된 데에는 수출을 많이 한 덕분이라는 것에 대해서는 이견이 없다. 나는 세계화와 자유무역을 반대하는 사람들에게 이 점을 강조하고 싶다. 수출을 많이 한 덕분에 우리나라가 선진국 대열에 들어갔다면 당연히 수출 위주 정책을 펼쳐야 하지 않은가. 그런데 세계화와 자유무역을 반대하는 것은 수출 위주 정책을 반대하거나 수정해야 한다는 말인데 이는 또 무슨 논리인가. 한마디로 궤변일 뿐이며 반대를 위한 반대일 뿐이다. 세계가 좁아진 만큼 더 많은 나라에 우리의 물건을 수출해야 한다. 세계화는 세계시장의 통합과 광역화를 통해 규모의 경제 이익을 발생시킨다. 그러므로 무역 장벽을 단계적으로 소멸시켜 자유무역의 이점을 최대한 누려야 한다.

자유무역으로 피해를 보는 분야는 정부가 나서 보전해주어야 한다. 대표적으로 농업 분야가 그러하다. 정부는 수출을 많이 하는 기업에 상대적으로 다소 높은 과세를 하고 그 재원을 농업 각 분야의 보조금으로 활용해야 한다. 일종의 부가가치세 같은 세목을 수출기업에 적용하자는 것인데, 여기서 지켜져야 할 것은 그 재원은 다른 분야에 쓰어서는 안 되며 반드시 국제무역의 비교열위 분야의 보조금으로 쓰어야 한다. 그러면 낮은 경쟁력을 높일 수 있고 장기적으로는 자유무역으로 인해 피해를 보는 분야가 아니라 혜택을 누리는 분야로 거듭날 수 있을 것이다.

1,000조?

1,000조는 상상을 초월하는 숫자다. 그런데 이 '조'라는 숫자의 단위가 심심찮게 사람들 입에서 오르내리고 있다. 이른바 가계부채 1,000조 시대가 바로 그것으로 1,000조에 육박하는 가계부채 문제가 금융위기로 이어질지 모른다는 위기론이 확산되고 있다. 가계 빚의 대부분은 부동산 담보대출이다. 처음에는 경제학자들이 가계부채의 심각성을 경고하는 수준에 그쳤으나 지금은 금융감독원까지 나서 이 문제의 심각성을 공식적으로 거론하기에 이르렀다.

서민금융은 만성적으로 초과수요에 직면하고 있다. 다시 말해 돈을 필요로 하는 서민은 많은데 돈을 빌려줄 은행이 없다는 뜻이다. 그러면 돈이 필요한 서민들은 울며 겨자 먹기로 고리의 대출이자를 뜯는 카드사나 사금융에서 자금을 융통하게 되고 그늘 중 상당수는 신용불량자로 선락한다. 서민경제가 붕괴되고 사회불안이 발생하기 전에 조치를 취해야 한다. 정부 당국자들 뿐만 아니라 학계와 재계, 그리고 국민 모두가 이 문제에 관심을 가지고 슬기롭게 대처해 나가야 한다.

이 문제에 대한 해법으로 먼저 가계부채 리스크에 대한 조기경보지표를 개발하여 정기적으로 지표를 모니터링 해야 한다. 그리고 잠재적 위험 수준에 따라 대응 계획을 세워놓아야 한다. 조기경보지표에는 부채의 증감,

원리금 상환 부담, 신규 연체 증감률, 부동산 가격 등이 반영되어야 한다. 이와 함께 경기침체와 이자 상환에 고통을 받는 서민층의 금융실태를 종합적으로 고려한 금융체감지수 같은 것을 만들 필요가 있다. 이는 제1금융 접근도, 금리, 금융 비용 부담, 서비스 만족도 따위를 반영하여 제로를 기준으로 지수가 높으면 고통 수준이 높고 제로보다 낮으면 고통 수준이 상대적으로 낮다는 것을 의미한다. 이렇게 하면 한 눈에 서민금융을 파악할 수 있다.

돌이켜보면 가계부채 문제는 주택이 투자와 투기의 대상이 되었기 때문이다. 대출이라는 지렛대를 이용하여 자신의 경제수준에 걸맞지 않는 주택을 구입했기 때문이다. 우리는 부동산투기 광풍이 전국적으로 몰아치던 때를 기억한다. 그 광풍에 자유로운 국민이 과연 몇이나 될까. 이 문제를 소비자 개인에게 돌리지 못하는 이유가 여기에 있다. 정부당국과 건설업계, 그리고 과욕을 부린 소비자 모두에게 책임이 있다.

주택은 우리에게 반드시 필요한 물과 같은 공공재이다. 공공재가 투기의 대상이 되는 나라에서는 희망이 없다. 자유시장경제 체제에서 주택으로 돈을 버는 게 뭐가 잘못된 거냐고 반문하는 사람이 있을지 모른다. 그러나 인간의 삶에 반드시 필요한 공공재는 여느 물건과 달리 취급되어야 한다. 만약 이러한 공공재에 투기적 수요가 붙고 가격이 폭등하면 국가의 유지가 불가능해진다. 예컨대 어느 나라에 가뭄이 극심하여 식수가 부족하게 되었다고 하자. 그러면 식수를 생산하는 업체는 생수 가격을 올릴 것이고, 연일 값이 오르는 생수는 정상가격보다 100배 가까이 치솟을 수도 있다. 이때 돈이 없는 서민은 생수를 사먹지 못할 것이고 결국에는 빈부의 차가 목숨

나, 우리, 국가, 세계, 그리고 중소기업

을 좌지우지하는 결과를 가져오지 않겠는가.

공공재를 국가가 나서 관리하는 것은 당연하다. 우리나라는 특별법을 제정하여 공공재의 수급과 가격을 관리하고 있지만 그리 효과적으로 보이지 않는다. 특히 주택정책의 경우는 관계당국의 정책이 우왕좌왕 좌충우돌하며 일관성을 띠지 못한다. 이른바 '땜빵식' 처방이 그것이다. 땜빵식 처방으로는 이 문제를 해결할 수 없다. 풍선효과처럼 이쪽을 누르면 저쪽이 볼록해진다.

이 문제를 근본적으로 해결하기 위해서는 주택은 공공재라는 인식이 있어야 한다. DTI 완화나 이자율 조정 따위의 정책만으로는 한계가 있다는 말이다. 사람 목숨 가지고 장난쳐서는 안 되는 것처럼 집을 가지고 장난쳐서는 안 된다. 집은 음식처럼 인간에게 반드시 필요한 물건이다. 유해물을 첨가해서 음식을 만들어 팔면 엄벌에 처해지는 것처럼 사기분양 업자들을 엄벌에 처해야 한다.

말이 나온 김에 공공부문 사업의 민영화에 대해 짚고 넘어가자. 새누리당의 당론으로 채택된 것은 아니지만, 많은 국회의원이 공공부문 사업의 민영화에 찬성하고 있다. 이는 신자유주의 이념과 철학에 걸맞은 선택인지는 모르지만 나는 결코 공공부문이 민영화되어서는 안 된다고 본다. 찬성론자들의 주된 논리는 경영의 효율성이다. 공공부문에 경쟁이 도입되면 경영에 효율성이 더해지고 이는 생산비를 낮추는 결과를 가져와 결국 소비자가 민영화의 과실을 따먹게 된다는 것이다. 이러한 논리는 하나는 알고 둘은 모르는 소치이다. 공공부문은 그 성격상 규모의 경제로 인해 독점 또는 과점 형태가 될 수밖에 없다. 전기나 상수도 같은 대규모 설비투자가 필요한 산업을 인수하거나 건설할 기업은 대기업이 아니면 불가능하다. 이미 민영화 된 통신시장의 사례에서 보듯이 공공부문의 민영화는 공급가격의 상승을 초래할 것이다. 업체 간 담합이 수시로 이루어지고, 공정거래위원회는 그 업체들에 과징금을 부과하지만, 그 업체들은 얼마 못가 다시 담합을 통해 공급가를 인상한다. 마치 만화영화 톰과 제리처럼 끊임없이 쫓고 쫓기는 역할을 되풀이한다.

지금이라도 늦지 않았다. 이미 민영화된 공공부문의 경영은 단계적으로 정부가 개입해야 한다. 필요하다면 베네수엘라의 석유기업을 국가가 인수하여 경영한 사례 연구를 통해서라도 공공부문은 국가가 개입해야 한다. 경영의 효율성은 민간만의 전매특허는 아니다. 공공부문을 국가가 경영하면 효율성이 떨어진다고 하는 견해는 핑계일 뿐이다. 오히려 경영의 주체가 국가이기 때문에 경영에 효율성을 기하기가 쉽다. 이를테면 성과급과 인센티브 같은 제도를 통해 얼마든지 효율적인 경영을 할 수 있다. 또 공공부문에 종사하는 직원을 국가공무원 신분이 아니게 채용할 수도 있다. 공공부문 기업은 공무원이고, 공무원은 복지부동이라는 등식이 성립되므로 경영의 효율성을 기하기 어렵다는 편견이 생긴 듯하다. 이런 편견이 모두 옳은 건 아니지만 일부는 수긍이 가기도 한다. 여기서 발상의 전환이 필요하다. 공공부문 기업의 직원이 공무원이어야 한다는 원칙은 없다. 경영의 관리감독은 국가가 하고 실제 경영은 민간이 해도 무방하다. 따라서 공공부문 사업의 구성원은 공무원이 아니라 일반회사의 직원 같은 신분을 가지므로 복지부동이나 근무태만을 염려하지 않아도 된다. 일종의 위탁경영으로 이러한 방식은 소유와 경영이 분리되는 주식회사의 경영 방식과 유사하다.

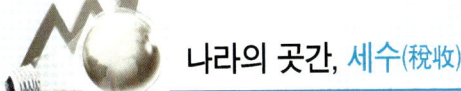

나라의 곳간, 세수(稅收)

곳간에서 인심 나온다는 속담이 있다. 곳간이 비면 인심을 쓸 수 없다는 말이다. 마찬가지로 나라의 곳간이 비면 복지정책을 펼칠 수가 없다.

세계적 경제침체로 2012년 한국의 경제성장률이 2%대로 주저앉을 수 있다는 전망이 나오고 있다. 나라의 곳간을 채우는 데 필요한 세수(稅收) 확보에 비상이 걸렸다. 새누리당과 정부는 내년에 부자와 대기업에 대한 세금을 늘릴 계획이지만 경기하락에 따른 세수 감소를 메우기에는 역부족으로 보인다.

경제성장을 통한 세수 확대 없이는 대선을 앞두고 정치권이 경쟁적으로 쏟아내는 복지 공약은 재정 건전성 유지에 큰 짐이 될 것이 자명하다. 유럽의 선진국들은 누적된 재정적자로 인해 불황의 늪에 빠져버렸다.

우리나라의 경우 최근 새누리당에서 소득세율을 전면 인상하는 법안을 마련하기로 했다. 소득세법의 전면적인 대수술이 예고되는 대목이다. 이 법안은 한마디로 중산층 이상 국민의 세금부담 가중을 골자로 하고 있고, 소득계층별 과세의 형평성을 살리는 동시에 국민의 조세부담을 현실화하겠다는 취지다. 이러한 당정 마련의 배경에는 복지국가를 향한 국민의 열망을 적극 수용하겠다는 당의 의지가 있다. 국민소득에 걸맞은 복지제도 확립은 선진국이 되기 위한 전제조건이기도 하다. 돌이켜보면 대한민국은 성장에 급급한 나머지 국민복지에는 다소 소홀했던 점이 없지 않았다. 역대 정권에 비해 김대중, 노무현 정부는 그나마 상대적으로 복지정책에 힘을 기울였고 일정한 성과를 거둔 것도 사실이다. 세간의 혹자들은 이렇게 말한다. 만약 과거 김대중, 노무현 대통령이 집권하지 못했더라면 대한민국 국민은 복지국가의 뜻조차도 제대로 알지 못했을 것이라고. 이 말을 거꾸로 보면 만약 김영삼 전 대통령에 이어 진보 성향의 정당이 아니라 보수정권이 집권했다면 오늘날 이나마 성취한 복지는 없었을 거라는 얘기다.

그런데 그러한 주장은 논리가 전혀 없는 요령부득의 비방성 발언이다. 곳간이 비면 인심을 쓸 수 없다는 속담처럼 복지는 국민소득이 증가하고 세수가 확보되었을 때 펼칠 수 있는 정책이다. 정도의 차이는 다소 있을지 몰라도 김영삼 전 대통령 이후 어떤 정당이 집권했더라도 복지정책은 있었을 것이다. 대한민국의 복지정책은 경제성장과 마찬가지로 발전일로에 있다. 대체로 정책은 점진적으로 문제점들을 보완해가면서 완성된다. 복지정책이 그 대표적 사례이다.

현재 소득세 납세자는 소득액(과표기준)에 따라 정해진다. 연간 소득이 1,200만 원 이하는 6%, 1,200만 원 초과~4,600만 원 이하는 15%, 4,600만 원 초과 8,800만 원 이하는 24%, 8,800만 원 초과~3억 원 이하는 35%, 3억 원 초과는 38%의 누진세율을 적용받고 있다. 현재 민주통합당과 통합진보당 등 야권은 고소득 과표 구간에만 증세를 하자고 주장한다. 이른바 '부자증세'를 추진하고 있다. 반면 새누리당 당정은 납세 능력이 있는 국민이라면 다함께 세 부담을 골고루 나눠지자는 차원에서 모든 과표 구간의 세율을 올리려고 하고 있다. 그 인상폭은 학계와 재정경제부의 분석자료 등을 토대로 차후 구체적으로 정하기로 했다고 한다. 이러한 당정이 마련된 것은 오랫동안 반영되지 못한 물가를 전면적으로 반영할 필요가 있기 때문으로 파악되는데, 자료를 조사해보니 1996년 말 소득세법이 전면 개정된 후 현재까지 물가가 크게 올랐음에도 불구하고 과표 구간이 거의 같았다. 또 조세연구원의 연구 결과를 보니 1996년 말 이후의 물가 상승률을 모두 반영해 과표를 올리면 약 5조~6조 원, 물가상승률의 절반만 반영해도 2조~3조 원 대의 세수 증가 효과가 있는 것으로 나타났다. 과세표준 뿐만 아니라 세율을 높이면 경기 하락에 따른 세수감소 폭은 일부 충당될 수 있어 정부의 재정난을 막을 수가 있다. 이는 당정으로 확립된 것은 아니고 논의의 대상이 되고 있는 것으로, 만약 이 입법안이 일정한 절차를 거쳐 국회에 상정된다 해도 야당의 거센 반발 탓에 입법화되기 어려울 것으로 보인다.

현재 야당에서 고소득자 증세를 골자로 하는 소득세법 개정안을 발의한 상태에 있는데, 그 내용을 보면 이렇다. 현재 과표 기준 3억 원 초과 소득자에게만 적용되고 있는 38%의 최고세율을 2억 원 초과 3억 원 이하 소득자에게도 적용해야 한다고 한다. 그리고 연간 4,500만 원을 초과하는 급여를 받는 근로소득에 대해서는 근로소득세율을 현행 5%에서 1~3%로 축소하자고 한다. 거기다 현재 35~38%의 세율이 매겨지는 8,800만 원 초과 소득자 중 1억 2천만 원 이상 소득자에게는 일괄적으로 40%의 세율을 매기자는 증세 안이 그 골자이다. 이렇게 하면 향후 5년 간 10조 5천억 원의 소득세를 더 걷을 수 있으므로 이 돈으로 서민복지를 늘리면 된다고 한다.

정치에 있어 조세정책만큼 민감한 분야도 없다. 여야의 정책이 첨예하게 대립되고 있지만 증세를 해야 한다는 점에서는 일치하고 있으므로 조만간 어떤 결정이 날 것으로 보인다. 어떤 정책을 내놓느냐에 따라 국민들은 그 정당에 한 표 던지기도 하고 거두기도 한다. 그러므로 각 정당은 조세정책 입안에 최대한의 인재풀을 가동하여 신중하게 다루고 있다. 세금의 필요성은 누구나 인정하고 있지만 문제는 조세율 인상에 따른 국민의 저항이다.

역사적으로 보면 미국은 영국의 조세정책에 저항한 사람들이 세운 나라이다. 중국도 조세정책에 반발에 수많은 민란이 일어났고 어떤 경우에는 왕조가 전복될 위기에 처하기도 했다. 우리나라도 예외는 아니다. 크고 작은 민란의 배후에는 잘못된 조세정책이 있었다. 이렇듯 국민의 조세저항은 때로 역사의 물줄기를 바꾸어놓기도 한다. 따라서 국가는 조세정책을 입안할 때 국민의 저항을 최소화하는 한도 내에서 결정해야 한다.

그러면 이쯤에서 '부자증세'에 대해 각도를 달리해서 좀 더 심도 있게 살펴보자. 나는 이 방면에 적용될 철학과 철학자들을 알고 있다. 바로 R. 노직과 J. 롤스이다. 이 두 철학자는 모두 자유와 평등을 중시하지만 이 두 개념 위에 정의가 있다고 말한다. 무엇이 정의로운 행위인가, 하고 묻고 그에 대한 답은 너무나 대조적이다. 잘 알려져 있다시피 R. 노직의 철학은 신자유주의 경제 질서의 토대가 되었다. 그는 '무정부주의, 국가 그리고 유토피아'에서 이렇게 말하고 있다. "가난한 자에게 혜택을 주기 위해 부자에게 세금을 징수하는 행위는, 만약 그 돈이 5시간 동안 노동자가 일해서 벌 수 있는 돈이라면 국가가 부자에게 5시간 동안 강제노역을 부과한 것과 같다." 이런 생각은 국가는 개인의 자유와 권리를 보장해야 한다는 기본원리에 충실해야 한다는 배경에서 나온 것이다. 분배의 정의는 시장 메커니즘의 등가교환 장치에 의해 자동으로 이루어진다고 보고, 국가는 소유권적 정의를

나, 우리, 국가, 세계, 그리고 중소기업

위해 최소한의 개입만 해야 한다고 한다. 국가는 타인의 권리를 침해하는 자에 한해 권리를 제한 할 수 있을 뿐이며, 제한한다고 해도 최소한의 제한에 그쳐야 한다는 것이다. 그러므로 국가는 외적으로부터 국가를 보호하고 기본적인 치안 임무에 충실하면 된다. 이른바 '작은 정부'의 개념이 바로 그것이다. R. 노직은 한 걸음 더 나아가 부의 쏠림을 부정적으로 보지 않는다. 만약 어떤 가수의 음반이 세계적으로 날개 돋친 듯 팔려나가 타인보다 월등히 높은 소득을 올리더라도 그 가수에게 필요 이상의 세금을 강요해서는 안 된다고 한다.

이제 J. 롤스의 철학을 살펴볼 차례다. 롤스는 자유주의 기본체제 위에서 평등주의를 접합한 철학자로, 복지국가 이론의 기초가 되었다고 볼 수 있다. 롤스의 철학은 사회적 성격을 띠지만 그렇다고 고전적 사회주의 철학을 수용한 것은 아니다. 한마디로 자본주의의 토대 위에서 평등주의적 요구를 결합시켰다. 모든 개인이 재화와 기회를 똑같이 누릴 수 없다는 전제는 R. 노직과 같다. 하지만 그는 정의를 자유와 평등의 상위개념으로 파악하면서 모든 사회구성원에게 기회가 균등해야 주어져야 한다고 한다. 그런데 어쩔 수 없이 불평등한 상황이 온다면 그 불평등이 모든 이에게 이익으로 돌아갈 때만 정당화될 수 있다고 한다. 또한 개발행위에 있어 롤스는 사회적 약자에게 그 개발에 대한 이익이 돌아갈 때 그 행위는 정당화될 수 있다고 한다. 예컨대 재개발정책에 있어 사회적 약자는 재개발 대상지의 주택 소유자가 아니라 세입자이고 그 개발에 대한 이익이 세입자에게 돌아갈 때 그 개발은 정당성을 획득한다고 한다. 이런 관점에서 보면 우리나라에서 시행된 재개발 사업은 하나도 정당성을 획득하지 못한 것이 된다. 왜냐하면 재개발이 됐을 때 세입자들은 개발의 이익을 누리지 못했을 뿐만 아니라 더욱 열악한 주거 환경으로 쫓겨났으며, 주택 소유자라 하더라도 일부는 재개발된 아파트에 입주하지 못한 결과를 가져왔기 때문이다. 롤스에 의하면 경제정의를 실현하기 위해서는 국가의 개입이 불가피하다고 한다.

시장에 국가가 적극적으로 개입한 시기는 2차 세계대전 이후이다. 그 전에는 아담 스미스, 하이에크, 프리드먼 같은 경제학자의 이론을 바탕으로 국가는 가능한 방임적 태도를 취했다. 그러다가 2차 세계대전 이후 극심한 불황이 계속되자 케인즈 주의가 득세하기 시작했다. 케인즈 주의는 침체된 경제를 회복시키기 위해서는 국가의 적극적 개입이 필요하다는 것이다. 국가가 나서 복지정책을 펼치고 자본의 국가 간 이동을 통제하며, 공공부문과 공기업을 확대해야 한다는 것이다. 이 정책은 1970년 대 후반까지 지속되었고 일정한 효과를 거두었다. 그러던 것이 영국의 대처 수상과 레이건 대통령의 등장으로 케인즈 주의는 버려지게 되었다. 미국과 영국은 세계경제를 좌지우지했고 이때 전 세계 GDP의 90%를 생산하는 국가들이 미국과 영국을 따라 신자유주의를 선택하여 오늘에 이르고 있다.

오늘날 신자유주의 정책은 심각한 위기와 도전에 직면해 있다. 인간의 생활 전반에, 심지어 비경제적인 영역에 이르기까지 시장의 원리가 작동하고 있다. 마치 인간이 시장을 위해 존재하는 듯한 착각을 불러일으킬 정도이고, 가장 심각한 문제는 작은 정부의 지향으로 말미암아 어렵사리 이루어놓은 복지가 축소되고 있다는 점이다.

나는 최근에 호주의 경제학자 존 퀴긴의 「경제학의 5가지 유령들」이라는 책을 관심 깊게 읽었다. 그는 노벨상 수상자인 폴 크루그먼이 지적한 '좀비 아이디어'를 언급하면서 우리의 의식에 좀비 아이디어들이 떠돌아다니고 있다고 했다. 좀비 아이디어란 한번 아이디어가 생겨나고 사람들 뇌리에 박히게 되면 그것이 틀리고 위험하다고 입증되더라도 다시 살아나는 성향을 보이는데, 이러한 아이디어는 충분한 근거하에 폐기되었기 때문에 죽은 아이디어라는 것이다. 문제는 세상에 이런 좀비 아이디어들이 많다는 것이다.

특히 어떤 문제에 대안이 없을 때 좀비 아이디어들이 살아 움직이면서 사람들을 괴롭힌다고 한다. 많은 사람들은 학창시절에 배운 이론을 평생 동안 사실이라고 확신하고 있다. 입증되지 않는 것을 믿지 않는 실용주의자라 자처하는 사람들조차 좀비 아이디어의 노예일 수 있다는 것이다. 특히 정치가들이 과거에 폐기되었던 아이디어들을 다시 끄집어내 정치하는 데 사용한다. 전형적인 좀비 아이디어가 활동하는 경우로 예를 들어 부자에게 혜택을 주는 정책이 결국 모든 이에게 도움이 될 것이라는 주장이 그렇고, 정부에서 하는 일을 사기업에 맡기면 더 잘 할 수 있다는 생각이 그런 것이라고 했다.

존 퀴긴의 좀비 아이디어 론은 일견 타당한 면이 있어 보인다. 하지만 이미 죽었어야 마땅한 이론들이 자꾸 다시 살아나서 경제를 망치고 있다는 주장에 대해서는 찬성할 수가 없다. 경제학은 철학처럼 미래를 향해 발전해나가고 있는 학문이다. 좀비를 들먹이며 그가 비판하고 있는 것은 아담스미스 같은 세계화의 기초가 된 이론이다. 시장중심의 세계화 정책이 한계에 부딪히고 시장의 실패가 왔다고 해서 그 이론을 좀비 이론이라 비판하는 처사는 학자답지 못하다. 왜냐하면 이 세상의 모든 학문과 이론, 그리고 정책은 과거의 이론과 정책을 발판 삼아 발전한다. 경제이론과 성장도 예외는 아니다. 좀비 아이디어 론은 그런 점에서 과거의 이론과 정책, 심지어 역사를 무시한 주장이다. 이는 자식이 아버지와 그 가족의 존재를 무시하는 처사와 뭐가 다르겠나. 존 퀴긴은 경제학자이지 정치인이 아니다. 이분법적 사고의 문제점을 누구보다 잘 아는 학자의 입에서 이런 말이 나왔다는 게 놀라울 뿐이다. 따라서 '경제학의 5가지 유령들'에서 주장하는 것은 정치적 논리에 가깝다.

　나는 그의 좀비 이론이 우리나라에서 통용되고, 일부 학자와 정치인들이 열렬히 옹호하고 있는 현실이 안타깝다. 6·25내전 후 초토화된 우리나라 경제를 살리기 위해 박정희 정권은 대기업 위주의 정책을 펴나갔다. 이른바 개발독재시대로 평가되는 시기에 우리나라 경제는 눈부신 발전을 거듭했다. 오늘날 잘 나가는 대기업이 모두 그 시기에 박정희 정권의 전폭적 후원으로 성장한 기업들이다. 박정희 정권은 눈부신 경제성장 이면의 짙은 그늘을 잘 보지 못했다. 노동조합은 설립 초기부터 탄압의 대상이 되었고, 도시빈민이 된 근로자들은 열악한 노동환경과 저임금에 시달렸다. 하지만 부정할 수 없는 것은 그 시기에 경제가 눈부시게 발전했다는 사실이다.

　박정희 정권이 물러난 1980년대부터 우리나라에도 신자유주의 물결이 거세게 몰려왔다. 이 무렵에 부자 감세를 주장하는 학자와 정치인들이 나타나기 시작했다. 작은 정부를 내세우며 소득재분배 정책에 의문을 품은 정치인들 목소리가 커졌고, 세계는 글로벌 금융시스템으로 바뀌었다. 또 이들은 부자의 감세가 모든 사람들을 부유하게 만들 거라고 주장했다. 그런데 2000년 하고도 12년이 더 지난 오늘날, 전 시대보다 더 심각한 양극화 현상이 나타났다. 비로소 대중은 무엇인가 잘못되었다는 것을 눈치챘다.

　나, 우리, 국가, 세계, 그리고 중소기업

신자유주의와 그 철학을 지지하던 목소리는 상대적으로 힘을 잃었을 뿐만 아니라 비판의 대상이 되었다.

이제 결론을 맺어보자. 그 전에 다시 롤스와 노직의 철학을 돌아볼 필요가 있다. 나는 신자유주의 이론의 철학적 토대가 된 노직은 틀렸고 롤스가 맞다고 말하지 않겠다. 경제의 역사는 시장주의 또는 시장만능주의를 신봉하는 신자유주의에 수정을 가해야 한다고 말하고 있다. 분명히 말하지만 나는 신자유주의와 그 철학이 전적으로 잘못되었으므로 그것을 폐기처분되어야 하다고 주장하는 게 아니다. 또한 그것은 좀비 아이디어가 아니다. 보다 나은 인간의 삶을 향해 나아가기 위한 하나의 계단 역할을 한 이론이었다. 비유컨대 아버지가 자식을 키우는 데 있어 그 자식이 좀 말썽을 피웠다고 해서 자식을 내치거나 부정할 수 없는 일 아닌가. 모자라면 채우고 고장 나면 고쳐서 써야 한다.

제3차 산업혁명을 쓴 제러미 리프킨은 오늘날 세계적 경제위기가 신자유주의 모순에서 기인한 게 아니라 석유시대의 종말 현상이라고 진단했다. 리프킨은 한 세기가 저물기 전에 재생에너지 시대가 올 것이라고 진단했다. 풍력, 태양광, 지열, 바이오에너지 등 자연에서 얻는 재생에너시 산업이 곧 일어나며, 그 전·후방효과로 인해 새로운 산업혁명이 일어날 거라고 예견하고 있다. 그 책을 읽으며 내가 주목한 대목은 오늘날 경제위기가 사상 유례가 없는 석유 값 상승에 그 원인이 있다고 본 것이다.

그렇다고 해서 신자유주의를 무조건 옹호하고자 하는 게 아니다. 신자유주의와 보호무역주의는 모두 문제를 안고 있다. 또 나름대로 장점을 가지고 있다. 답은 간단하다. 두 이론은 상호보완 관계에 있는 것이지 대척관계에 있는 게 아니라는 것이다. 우리나라의 많은 학자와 정치인들이 이 두 이론을 '이것 아니면 저것'의 논리로 접근하고, 사생결단을 낼 것처럼 서로 자신의 이론이 맞다고 주장한다. 이래서는 국가발전을 기대하기 어렵다.

나는 여기서 조선시대 후기의 '동도서기(東道西器)' 사상의 정신을 본받아야 한다고 생각한다. 국익이 된다면 서양의 좋은 기술과 법을 도입할 수 있다는 사상으로 서양의 '그릇'은 수용하되 그것에 동양의 정신적 원리를 담아 쓰자는 주장이었다. 신자유주의 사상과 정책은 동도서기론의 정신으로 바라보아야 한다.

영리병원설립 논쟁에 부쳐

신문에 인천경제자유구역 내 국제병원 설립문제를 두고 의견이 분분하다. 송도국제병원 설립문제가 일개 병원 설립문제가 아닌 이념대결처럼 되어버렸다. 반대 측에서는 송도국제병원이 설립되면 이를 도화선으로 전국적으로 민간영리병원이 확산되고, 그 결과 의료비가 폭등하고 궁극적으로 건강보험체계가 무너진다고 주장한다. 찬성 측에서는 송도국제병원이 설립되면 의료산업 경쟁력이 대폭 높아질 것이라는 주장을 한다. 찬성과 반대모두 송도국제병원의 문제를 그 자체가 아닌 대한민국 전체의 의료체계와 산업 전반의 문제로까지 확대해서 설전을 벌이고 있다.

현재 우리나라에 있는 모든 병원은 비영리로 운영된다. 무슨 말이냐 하면 병원은 영리를 목적으로 영업행위를 해서는 안 되는 법인이다. 삼성의료원이나 현대아산병원 등의 대형 병원도 영리를 추구하시 못하는 병원이다. 그런데 사실상 우리나라 병원은 모두 영리를 추구하고 있다. 대학병원도 마찬가지다. 그런데 비영리 법인이라니, 이게 무슨 말인가. 그러니까 우리나라에 있는 모든 병원은 대놓고 영리를 추구해서는 안 되고 몰래 살짝 영리를 추구하면 된다는 말로 들린다.

영리병원이 제도화된 싱가포르를 한번 들여다보자. 싱가포르는 인구 460만 명의 도시국가로 국민소득은 4만 3천 불에 달해 이미 선진국으로 도약하였다. 이렇게 된 데에는 교통과 물류, 금융이 허브 역할을 했기 때문이다. 여기에 더해 국제화된 의료와 교육 분야도 한 몫을 차지하고 있다.

나는 싱가포르 도심에 위치한 래플즈 병원을 알고 있다. 이 병원은 한국인 샴쌍둥이 사랑, 지혜양의 분리수술을 성공해서 유명해졌는데, 싱가포르의 대표적인 민간 영리병원이다. 병상은 350개 정도로 비교적 작은 규모이지만 싱가포르 전역에 1차 의료를 담당하는 72개의 병원들과 연계하여 효율적으로 운영되고 있다. 이 병원에서 치료받는 연간 130만 명의 환자 중 외국인 환자가 40만 명을 차지하고 있다고 한다. 싱가포르 주변 국가뿐만 아니라 러시아, 그리고 아랍권에서 방문하는 환자들이 대다수를 차지하고 있다고 한다.

내가 조사한 바에 의하면 싱가포르에서 2차, 3차 의료기관 수는 공공병원이 80%, 나머지 20%는 민간병원이 차지한다. 사람들이 공보험이 적용되는 병원에서 진료를 받으면 나이와 입원병실 규모에 따라 진료비의 50~70%를 정부보조로 받고 나머지는 환자들의 의무적으로 부담한 공적인 의료보험으로 충당한다. 공공병원은 우리나라 병원들처럼 진료 대기시간이 긴데, 만약 대기시간 없이 바로 진료를 원하면 환자가 영리병원을 선택하여 진료비 전액을 부담하면 된다. 보통 민간영리병원의 의료비는 공공병원에 비해 40~50% 비싸다. 그 수준을 우리나라와 비교해서 살펴보면 1.2배 정도로, 국민소득을 감안하면 영리병원의 의료비가 터무니없이 비싸다고 할 수는 없다.

내가 본 싱가포르는 공공병원과 민간영리병원이 적절히 양립하여 국민들에게 의료서비스를 제공하고 있었다. 공공병원이라고 해서 의료 서비스의 질이 수준 이하인 것도 아니었다. 또한 민간영리병원이 따로 있고 그 영향을 받아 공공병원의 의료비가 비싸진 것도 아니었다. 오히려 공공병원이 민간영리병원과 경쟁을 하면서 서비스의 질을 높이고 있었고, 민간병원은 공공병원에 비해 값비싼 의료비를 받는 만큼 더욱 질 좋은 서비스 제공을 위해 노력하고 있었다. 이는 싱가포르 국민뿐만 아니라 외국인환자들의 의료수요를 만족시켜 국부를 창출하고 있었다.

국부창출은 공장을 가동하여 생산한 물건을 수출하는 것만이 다가 아니다. 이제 우리는 굴뚝 없는 산업이라고 하는 관광산업, 그리고 특히 의료수출에 관심을 기울여야 한다. 우리나라 의학수준은 세계적이다. 이런 의학과 의료기술을 국내에서 사장시켜서는 안 된다. 의료 수출은 미래에 우리 국민을 먹여 살리는 먹거리로 인식해야 한다. 거기에 좌우 논리가 끼어들 여지는 없다. 무엇을 먹고 살 것인가 하는 고민 앞에 좌우 논쟁이 무슨 실익이 있겠는가.

인천경제자유구역청의 출범 목적은 우리나라를 선진국으로 이끄는 견인차 역할을 하기 위해서라고 한다. 그렇게 되려면 싱가포르에서 보듯이 인천경제자유구역청이 동아시아의 물류와 교통의 허브 역할을 해야 한다. 또한 외국인이 자본을 투자하고 싶고, 살고 싶은 주거환경을 만들어야 한다. 살고 싶은 주거 환경 조성은 의료와 교육이 기본적으로 해결되어야 한다. 진료가 필요한 외국인에게 의료 서비스의 선택권을 주어야 한다. 싼 값에 공공병원을 이용할 수도 있으며, 다소 비싼 값을 치루고 대기 시간 없이 곧바로 영리병원에서 진료 서비스를 받을 수 있어야 한다.

이제 결론을 말할 때가 되었다. 송도국제병원 설립을 둘러싼 소모적 논쟁을 계속하는 동안 인천경제자유구역 활성화는 점점 멀어진다. 이념적 잣대로 미래를 단정하는 태도에서 벗어나야 한다. 좁은 국토에서 세계로 눈을 돌리고 창조적인 미래를 내다봐야 한다. 다른 분야도 그러하지만 의료산업 또한 세계로 눈을 돌려야 한다. 국내만 바라보는 좁은 시야로는 발전에 한계가 있다.

나는 송도국제도시에 영리병원이 생겨 질 높은 의료 서비스를 제공하기를 바란다. 그리하여 인천이 국제적 도시로 거듭나고 그 이름에 걸맞은 국제적 도시가 되기를 희망한다.

나, 우리, 국가, 세계, 그리고 중소기업

나그네의 외투는 따뜻한 햇볕이 벗긴다

작고한 김대중 정부가 추진한 햇볕정책은 대북 관계에 있어 화해와 포용을 근간으로 하고 있다. 이는 남북한 교류와 협력 증대를 추구한 대북 유화책으로 교류와 협력을 증대시켜 북한을 개혁·개방으로 유도하기 위한 목적이었다. 구체적으로는 비료 지원 및 쌀 지원, 고 정주영 현대그룹 명예회장의 북한 방문, 금강산 관광사업 등이 햇볕정책을 기조로 실시된 정책이었다. '햇볕정책'이란 말은 이솝우화에 나오는 '바람과 해'에서 나그네의 외투를 벗게 만든 것은 차가운 바람이 아니라 따뜻한 햇볕이었다는 데서 나온 용어이다.

나는 김대중 정부의 햇볕정책은 남북관계에 커다란 역사적 획을 그었다고 평가한다. 노무현 정부는 햇볕정책을 계승했으나, 이명박 정부는 한국의 대북 지원과 북한의 핵무기 프로그램 중단을 연계하고, 북한이 적절한 조치를 취하지 않자 경제 지원과 관광 활동 등의 중단을 선언했는데, 이는 바로 햇볕정책의 폐기를 의미하는 것이었다. 이로써 연간 10억 달러 상당의 대북 지원이 중단되었다. 그리하여 오늘날 남북관계는 더 이상 나빠질 여지가 없을 정도로 악화되었다. 서해상에서는 포성이 간간이 울렸고, 이를 둘러싼 사회갈등이 전염병처럼 퍼지고 있다.

이런 상황에서 오는 12월 대통령 선거가 치러진다. 나는 선거 이후 한국의 대북정책은 또 한 차례 선회할 것이라고 점친다. 왜냐하면 박근혜 새누리당 후보를 포함한 대통령 후보 모두가 대북정책 방향을 바꿀 것이라고 공약하고 있기 때문이다. 후보들은 모두 북한과의 대화와 관계 개선을 강조하고 있는데, 이런 후보의 발언은 지난 1990년대 후반에 시작된 햇볕정책으로의 회귀를 의미한다. 알다시피 햇볕정책은 북한과의 교류와 협력을 최우선시 하는 정책이다. 한국은 북한에 핵무기 개발 중단을 강요하지 않을 뿐만 아니라 대화의 조건으로 북한이 현금을 챙기는 것을 문제 삼지 않겠다는 뜻이 숨겨져 있다. 또한 요덕 수용소와 같은 정치범 강제수용소의 존재를 모른 척하겠다는 것이다. 현재 북한에는 20여 만 명이 최소한의 환경과 인권도 보장되지 않는 강제수용소에서 감금되어 있다. 이들은 새벽부터 저녁까지 하루 16시간의 중노동을 하고 그것도 모자라 9시부터 밤 11시까지 2시간 동안 정신교육을 받는다. 이때 10가지 윤리강령을 외우지 못하면 수면조차 허용되지 않는 그야말로 생지옥 같은 곳이다.

나는 대북정책에 있어 막연히 과거의 햇볕정책으로 돌아가는 것에 반대한다. 김대중 정부의 햇볕정책 이후 10여 년이 지난 오늘날에 와서 돌이켜보면 그 정책은 명백히 실패했다. 이명박 정부가 노무현 정부의 햇볕정책을 계승하지 않았기 때문이 실패한 게 아니라 김대중, 노무현 정권의 햇볕정책 효과가 진정한 남북관계 개선으로 나아가지 못했다는 것이다. 남한이 경제적 지원을 하면 북한은 그때에만 유화적 시늉만 했을 뿐이었다.

그러므로 햇볕정책에 대한 향수를 느끼고 다시 과거의 정책으로 복귀하자는 주장은 바람직하지 않다. 앞으로의 과제는 햇볕정책의 단순한 계승이 아니라 이를 넘어서야 한다. '화해와 협력'의 철학을 계승하는 건 맞지만, 지난 시기에 만들어졌던 정책들은 재검토되고 어떤 것들은 폐기하고 다시 만들어야 한다. 엄밀히 말해 햇볕정책에 의한 남북관계는 냉전에서 벗어나 화해와 협력의 단계로 나아간 게 아니었다. 화해와 협력의 그럴듯한 시늉만 있을 뿐 그 관계는 조금도 개선되지 않았다.

사실 햇볕정책은 지금까지 정치적 논쟁과 논란의 대상이었다. 이명박 정부의 대북정책에 있어 아쉬운 점은 햇볕정책을 제대로 성찰하지 못했다는 점이다. 정부의 정책은 연속성을 가져야 함에도 불구하고 이명박 정부는 마치 벼르기라도 했다는 듯이 햇볕정책을 포기했다. 포기할 때 포기하더라도 진지한 성찰 후에 옳고 그르고, 좋고 나쁘고를 차분하게 따져보는 기회를 가졌어야 했다. 이런 점에서 햇볕정책은 옳지 않았다고 국민을 설득한 연후에 햇볕정책을 포기했어야 했다.

나는 반성과 성찰이야말로 발전의 출발점이라고 본다. 남북관계가 경색되어 있는 이때 햇볕보다는 진지한 성찰을 통해 새로운 비전을 만들어야 한다. 그것이 햇볕정책이라는 명칭을 더욱 빛나게 할 것이다.

김정은 체제로 들어선 북한은 오랜 침묵을 깨고 미국과 대화의 길로 나서기 시작했다. 이에 호응해 미국은 북한의 수해지원을 위해 긴급지원에 나섰고, 북한은 중국과 러시아와의 경제협력을 더욱 강화하고 있다. 얼마 전 인도네시아 발리에서 있었던 남·북의 고위층들은 대화의 기회가 있었지만, 경색된 대북관계는 좀처럼 방향을 틀지 못하고 있다. 그래서 이래저래 남북관계에 대한 비관적인 전망만이 난무하고, 동북아 정세에 남북관계만이 뒤처지고 있는 형국이다. 굴욕적인 강대국 종속외교에서 한 걸음도 전진하지 못하고 있다.

대북정책에 있어서 무엇보다 중요한 것은 기준이 있어야 한다는 것이다. 이는 북한의 요구에 일방적으로 따라가는 정책을 해서는 안 되며, 도발에 대해서는 강력히 대응하고 인도적 문제에 대해서는 지원을 하는 정책을 꾸준히 시행해야 한다.

현재까지는 북한은 대한민국을 정상적 대화 파트너로 인정하지 않고 있다. 북한은 보편적이고 현대적인 국가를 지향하는 게 아니라 그들 특유의 국가관과 목표를 달성하기 위해 전략과 전술적 차원에서 대한민국을 상대하고 있다는 점을 잊어서는 안 된다.

전 세계 화력의 70% 이상이 휴전선에 집중적으로 배치되어 있다는 사실을 아는 사람은 별로 없다. 설령 안다고 하더라도 그 심각성을 체감하는 사람 또한 별로 없다. 한반도는 한마디로 세계의 화약고로 우리는 매일 화약고를 머리 위에 두고 사는 셈이다.

우리 사회에는 남북통일을 해야 한다는 세력과 하지 않아도 된다는 세력이 공존하고 있다. 나는 한반도의 통일이 이론적인 학습의 산물이 아니라는 점을 강조하고 싶다. 즉 지구상에 하나밖에 없는 분단국가이기 때문에 통일을 해야 한다든가, 역사적 관점에서 삼한통일 사상을 이어받아야 한다거나, 고려시대 이후 남북국 시대의 전철을 밟아서는 안 된다거나 하는 역사적 당위성 따위의 논의를 나는 거부한다. 통일 문제는 현실적이요 실제적인 문제이다. 매년 낭비되는 막대한 국방비를 복지예산으로 전용하기 위해서라도 통일을 해야 한다.

혹자는 과거 독일처럼 통일이 어느 날 갑자기 도둑처럼 찾아올 것이라고 한다. 도둑처럼 찾아온다는 표현은 성서의, 재앙이 도둑처럼 찾아올 것이니 늘 깨어 있어야 한다는 표현을 빌려온 것이다.

나는 통일이 도둑처럼 찾아올 거라고 생각하는 사람들을 낭만적이고 순진한 사람들이라고 생각한다. 정치인 중에도 그런 순진한 생각을 하는 사람들이 많은 것 같다. 나는 그런 낭만적인 생각이 잘못된 정책을 만들어내고 있다고 본다. 북한을 제대로 파악하지 못하고 엉뚱한 통일론을 펼치는 바람에 급변하는 동북아 정세에 제대로 대응하지 못하는 게 아닌가 하는 생각을 지울 수 없다. 작금의 정세는 구한 말 열강의 각축전과 다를 바 없어 보인다. 그 각축전에 한국이 뒤처져서는 안 되고, 그러기 위해서는 북한 정세에 대해 객관적인 파악과 접근이 필요하다.

나는 북한이 보수 언론에서 이야기하는 것처럼 붕괴되지 않을 것으로 본다. 통일은 성취해가는 과정이 중요하다. 큰 밑그림을 그린 다음 거기에 맞는 정책을 입안하고 실천해야 한다. 감나무 아래에서 입을 벌린 채 감이 입으로 떨어지는 발상으로 통일에 접근해서는 안 된다. 통일은 우연히 오는게 아니라 만들어가는 과정이라는 점을 잊어서는 안 된다. 통일부를 비롯한 관련 당국은 현재 북한을 둘러싼 중국과 미국의 대북한 정책 변화에 촉각을 세우고 동북아 정세 변화에 적극 대응해야 한다.

나는 먼저 북한의 핵문제를 해결한 다음에 북한과의 관계를 개선하자는 현 정부의 접근 방식에 개선이 필요하다고 본다. 북한 핵보유는 우리와 미국 일본 등의 국가가 북한에 적대적 관계를 취한 데서 비롯되었다는 점을 인정해야 한다고 본다. 지금까지 우리는 미국과 함께 대 북한의 핵 억제 압박을 통해 협상력을 높이는 정책을 펼쳐왔다. 핵 문제는 북한과 미국의 문제라고 일단 치부하고, 우리 정부가 당분간 끼어들지 않는다는 것을 전제로 문제 해결의 실마리를 찾을 필요가 있다. 1995년 미국이 북한과 맺은 제네바 합의에서 알 수 있듯, 북한의 핵 문제는 북한과 미국의 관계 개선이 되어야만 비로소 해결될 수 있는 것이다. 현 정부의 정책인 북한과의 관계

나, 우리, 국가, 세계, 그리고 중소기업

개선 전제조건으로 북한이 핵을 스스로 폐기해야만 한다는 정책은 동북아 정세를 잘못 판단한 것에서 나온 정책이라고 평가할 수 있다. 전제조건의 선 해결을 고집하며 문제를 해결하려는 방식은 남북관계를 더욱 악화시킬 뿐이다.

중국과 북한의 무역은 2008년 20억 달러 수준이었다가, 2011년에는 93억 달러로 3배 가량 늘어났다. 최근 들리는 소식에 의하면 국경 지역인 나선 특구에 중국은 50억 달러를 투자했다. 비행장과 화력발전소를 건립하고 있고 두만강이 흐르는 신의주에 다리를 하나 더 만드는데 중국이 공사비 전액을 투자했다고 한다.

우리가 구태의연한 정책을 반복할 동안 북한은 변해가고 있다. 북한은 남으로 향했던 과거와 달리 정책을 북쪽으로 돌리고 있다. 과거 북한은 줄기차게 남방 정책을 펼쳐왔으나 미국과 일본이 꼼짝도 하지 않자 북방정책으로 그 방향을 틀기 시작했다. 그런데 북한과 손을 잡은 중국은 20년 전의 중국이 아니다. 막강한 자본력을 가진 중국을 북한은 다시 보기 시작했고, 앞으로 북한의 대 중국 교류는 더욱 강화될 게 분명하다.

따지고 보면 북한의 대외 정책은 김정일 사망 2년 전후부터 그 변화가 서서히 일기 시작했다. 김정일이 사망하고 아들 김정은이 새 지도부로 들어선 뒤에는 그 변화가 눈에 띄게 감지된다. 김일성 탄생 100주년 기념 연설에서 김정은 공화국의 목표로 경제 대국을 제시했다는 점에서 이러한 변화를 알 수 있다. 경제 뿐만 아니라 정치에도 변화가 나타나고 있다. 이를테면 노동당에 권력을 몰아주는 일련의 조치와 경제관련 정책을 내각에서 전담하는 등의 결정이 그렇다. 거기다 김정은 체제는 전에 없이 개방성과 투명성을 전면에 내세우며 인민을 이끌고 있다.

거듭 말하거니와 통일은 어느 날 도둑처럼 갑자기 오지 않는다. 서울 광화문에서 셔틀버스를 타고 개성공단으로 출근하는 근로자들이 늘어나야 한다. 개성공단과 같은 공단을 서너 개 더 조성해서 남북 경제협력을 한층 강화해야 한다. 남한과 북한 사람들, 그리고 물류와 돈이 서로 오가면 그것이야말로 사실상 통일이다. 통일의 극적인 상황은 남북한 경제협력을 통해서만 가능하다.

민족통일을 원하긴 하지만 그 천문학적인 비용 때문에 통일을 반대하는 사람들이 있다. 하지만 통일이 되면 북한의 지하자원을 개발하면 그 비용은 충분히 보전된다고 본다. 북한에는 희토류와 희귀금속 등이 많이 매장되어 있다. 이것들을 발굴해서 경제발전에 이용하면 통일비용을 회수한 것 이상의 효과가 있을 것이다. 안타깝게도 현재 북한은 경제난을 타개하기 위해 지하자원 채굴권을 중국에 팔아넘기고 있다. 나는 통일이 되면 건설경기가 되살아날 것으로 확신한다. 북한의 도시 대부분은 여전히 미개발 상태이다. 통일이 되면 남한의 도시처럼 북한 각지에 개발이 뒤따를 것이므로 건설경기의 특수를 누릴 수 있다. 또한 무엇보다 매년 막대한 국방비의 지출이 줄어들 것이므로 이는 곧바로 국가지출의 감소와 국부의 증대로 이어진다. 더불어 징병제를 모병제로 바꿀 수 있는 기회를 만든다. 어쨌든 통일은 우리민족의 지상과제로 그 비용의 지출이 무서워 통일을 반대하는 일은 없어야겠다.

집 때문에 불행한 사람들, 이른바 하우스푸어 문제

최근 들어 이른바 '하우스푸어' 문제로 연일 시끄럽다. KB금융연구원 조사에 의하면 깡통주택이 18만 5천 채에다 빚을 58조 원이나 떠안고 있다고 한다. 이른바 깡통주택이란 담보대출금과 전세보증금을 합친 금액이 주택의 현재 가격보다 많은 주택을 말한다. 깡통주택의 증가는 미국의 서브프라임 사태 때와 같이 마이너스 부의 효과를 가져와 경제침체를 더욱 부추긴다.

나는 2002년 말 카드대란을 기억한다. 카드대란이란 금융사의 무분별한 카드 발급에 따른 개인의 채무 증가로 소비가 위축되어 심각한 경기침체로 이어진 사태를 말한다. 그로부터 10년이 지난 현재의 가계부채는 그때에 비해 두 배로 불어났고, 여기에 깡통주택의 증가는 마치 불타는 집에 기름을 들이부은 격이 되었다.

나는 이 문제가 나라 전체의 근심이라는 것을 피부로 느낀다. 왜냐하면 우리 회사 직원 중에도 하우스푸어가 있기 때문이다. 우리 회사 김 과장의 예를 한번 들어보자. 그는 3년 전에 인천의 신도시에 아파트 한 채를 분양받았다. 자녀가 셋이고 큰아들이 대학에 입학하면서 기존의 아파트가 비좁았기 때문이다. 당시 아파트 분양가는 5억 5000만 원이었는데, 1억 5천만 원은 종전 집을 팔아 대금을 마련했고 나머지 4억 원은 시중은행에서 대출받

왔다. 그러나 올해 초에 새집으로 이사하려 하자 이미 집값이 분양가에서 1억 원이나 떨어진 상태였다. 집값은 갈수록 떨어지고 거기에 이자 부담은 나날이 늘어났다. 김 과장의 월급은 3백만 원 남짓 되는데 그 돈은 아이들 학비와 생활비를 쓰기에도 모자란다. 대출이자를 감당하지 못한 그는 어느 날 명퇴를 결심하고 내게 사직서를 제출했다. 나는 일 잘하는 김 과장을 어떻게든 회사에 붙잡아두고 싶지만 마땅한 방법이 떠오르지 않는다.

하우스푸어 문제는 정부의 잘못이 크다. 김 과장의 경우는 투기를 한 것도 아니고 기존에 살던 집이 비좁아져서 새 아파트를 분양받았다가 망해버린 꼴이 아닌가. 정부의 주택정책이 김 과장 같은 사람들을 양산한 결과를 낳은 건 아닌지 되돌아볼 일이다. 예컨대 보금자리주택 정책의 경우 어떤 동네의 집값과 그 바로 옆에 새로 생기는 집값(보금자리주택)이 차이가 나는 모순과 거기에 따른 부작용을 지적하고 싶다. 문제는 김 과장 같은 사람이 전국에 150만 명이나 된다는 사실이다.

요즘 대선공약을 만들고 있는 여당은 떨어진 집값을 회복시키기 위해 양도세와 취득세의 감면 등 여러 가지 정책을 강구하고 있지만 내가 보기에 백약이 무효한 정책으로 보인다.

따져보면 시중 은행은 주택사업 호황기 때 주택담보대출로 막대한 수익을 올렸다. 그렇다면 부동산경기 침체기에 고통분담을 하는 게 마땅하다고 생각한다. 정부는 은행으로 하여금 하우스푸어의 주택을 사게 하여 임대를 놓거나 이자 탕감, 금리를 낮추는 정책을 시행할 필요가 있다. 현행 주택담보대출 제도는 은행 등 금융기관에 일방적으로 유리하게 짜여 있다. 예를 들어 경기변동으로 집값이 폭락하더라도 그 손해를 대부분 채무자가

나, 우리, 국가, 세계, 그리고 중소기업

떠안게 되어 있다. 또 경기상승기에도 대출금리 갱신주기가 1년으로 짧아 금리 인상에 따른 부담을 채무자가 고스란히 떠안도록 설계되어 있다.

그러면 해외의 경우는 어떤지 살펴보자. 선진국들은 주택담보대출 채무자들이 경기변동으로 인한 부담을 떠안지 않도록 다양한 완충장치를 운영하고 있다. 특히 미국은 주택을 포기할 경우 해당 대출 채무에 대한 책임을 면제시켜 준다. 무슨 말이냐 하면 채무자의 주택이 경매로 넘어가게 되면 더 이상 집주인에게 채권을 행사하지 않는다.

반면에 우리나라는 채무자의 집이 경매로 넘어가도 채무액이 경매가(낙찰가)에 미치지 못하면 일반채무로 남는데, 심지어 채무자는 월급을 압류당하기도 한다. 나는 미국의 주택담보대출 제도를 우리도 한시 빨리 도입해야 한다고 본다. 미국의 20여 개 주에서 운영하는 주택담보대출 제도는 집이 은행에 넘어가면 주택담보와 연계된 채무는 자동적으로 없어진다. 예컨대 앞서 말한 김 과장의 경우 주택담보대출 4억 원을 낀 아파트 가격이 3억5천만 원으로 하락했을 경우 채무자가 집을 포기하면 금융기관이 5천만 원을 손해 보는 것이다.

어쨌든 이 제도는 금융위기를 불러올 위험성이 있긴 하지만, 담보물을 경매에 붙여 회수하고 나머지 채무를 채무자의 소득에서 충당해가는 국내의 금융제도하고는 완전히 다르다. 경기변동으로 손해를 봐야 하는 경우에 우리나라는 금융기관이 일방적으로 유리하지만, 미국은 그나마 은행과 채무자가 손해를 분담하는 구조이다.

이 문제에 대해 나는 또 유럽 국가들의 주택담보대출제도를 벤치마킹할 필요가 있다고 생각한다. 독일, 네덜란드, 스위스 등의 나라는 주택담보대출은 만기 20~30년으로 정하고 있다. 거기다 금리변동주기를 5년 형태로 유지하면서 금융회사와 채무자가 경기변동에 따른 위험을 서로 분담하고 있다. 우리 정부가 눈여겨봐야 할 정책이다.

나, 우리, 국가, 세계, 그리고 중소기업

한국판 흑묘백묘(黑猫白猫)

중소기업 CEO로서 한국 경제를 바라보면 한숨부터 나온다. 나를 힘들게 만드는 것은 경제위기에 따른 업황 부진보다는 정책을 놓고 오락가락하는 정부의 태도이다. 정부 내에서도 부처끼리 그 정책이 좌냐 우냐 하면서 이념논쟁에 빠져 있으니 실물경제 예측을 제대로 할 리가 없다.

일반적으로 기업들은 국가의 정책 방향을 참조해 이듬해 경기흐름을 가늠하고 신제품 개발 일정이나 마케팅 기획, 그리고 재무전략을 짠다. 그런데 정치권은 물론 정부 내에서도 이념 공방에 빠져 정책 방향을 잡지 못한 채 우왕좌왕하고 있다.

그러니 투자에 힘쓰라, 고용을 늘려라, 하고 목소리를 높이는 관계 당국자의 말이 잘 먹히는 게 이상한 일이 아닌가. 부동산 규제정책만 해도 그렇다. 관계당국은 부자들만을 위한 정책이니 서민들을 위한 정책이니 하면서 입씨름하는 여야의 눈치만 보고 있다.

또 법인세 같은 경우는 현재 국회에 두 건의 개정안이 발의돼 있는데, 그 중 하나가 현재 22%의 최고 세율을 30%로 늘려 사실상 대기업에 증세를 하는 내용이다. 다른 하나는 대기업 주주의 배당소득에 관한 이중과세 조정기준을 더 강화하는 내용이 제출되어 있다. 거기다 대기업 규제를 골자로 하는 공정거래법 개정안도 벌써 9건이나 국회에 올라와 있다. 이른바 분배논리를 중심축으로 한 이 법안들은 이미 발의된 것과 발의가 예정됐거나 논의되고 있는 것을 합해 줄잡아 수십 건에 달한다. 반면에 기업규제 완화 등의 내용을 담은 경제 활성화 법안은 가뭄에 콩 나듯 한다. 특히 내수소비 활성화를 위한 서비스업 육성이 절실하다고 여야가 입을 모으면서도 정작 이를 위한 입법은 소 닭 보듯 뒷전이다. 사정이 이렇다보니 경제위기보다 정작 더 무서운 것은 경제민주화를 앞세워 앞뒤 가리지 않고 복지를 외쳐대는 일부 정치인과 그것에 호응하는 대중, 그리고 그러한 사회적 분위기다.

경제 전체의 파이를 키워 나눠먹어야 한다는 주장과 파이를 키우기 위해서라도 먼저 분배의 정의를 실천해야 한다는 등의 논쟁을 지켜보고 있노라면 한숨이 절로 나온다. 무엇이 먼저이고 무엇이 나중이라는 해묵은 논쟁은 이제 그만두어야 한다. 이는 마치 닭이 먼저인가 알이 먼저인가를 따지는 것과 같이 어리석은 일이다. 정치권은 이것을 가지고 그럴듯한 명분을 만들어 상대 당을 누르고 표를 얻기 위해서 설전을 벌인다. 분배가 반드시 필요한 곳은 거기에 희생이 다소 따르더라도 분배를 해야 하고 성장이 있었다면 당연히 분배가 뒤따라야 한다. 분배와 성장은 선과 후를 가름할 수 있는 게 아닌 것이다.

정치권과 관계당국은 경기가 불황의 늪에 빠져들고 있다는 사실을 직시하여야 한다. 경기를 부양할 적극적 재정지출이나 서민, 중소기업 지원을 요구하는 목소리에 귀 기울여야 한다. 정치권이 정책의 이념색깔을 놓고 입씨름하지 말고 한국판 흑묘백묘(黑猫白猫)를 모색해야 한다. 흑묘백묘란 검은 고양이든 흰 고양이든 쥐만 잘 잡으면 된다는 의미를 담고 있는데, 경제발

나, 우리, 국가, 세계, 그리고 중소기업

전을 위해서라면 좌우 진보 보수를 가릴 것 없다는 뜻이다. 불황의 터널을 벗어나고 경제발전을 위해서는 이념의 색깔에 관계없이 정책을 결정하고 실천해야 한다. 흑묘백묘론을 모토로 삼아 시장경제제도를 유연하게 받아들였던 중국의 개방개혁 정책이 시사하는 바는 자못 크다.

말 많고 탈 많은 정수장학회

정수장학회는 정치 이슈의 회오리바람이 불 때마다 단골로 등장하는 메뉴다. 내가 이 장학회를 언급하지 않을 수 없는 것은 국립 부산기계공고 재학시절에 이 장학회의 전신인 5·16장학회로부터 수차례 장학금을 받았기 때문이다. 그러면 여기서 먼저 정수장학회의 이력을 살펴보자.

5·16군사정변 이후 무소불위의 권력을 가지고 있던 중앙정보부가 개입해 기업인 김지태 씨가 1958년에 설립한 부일장학회를 강제로 국가에 헌납하게 만들었다. 고 김지태 씨는 삼화고무, 부산일보, 한국문화방송 등을 창업한 전 국회의원(2,3대)이었다. 김지태 씨는 5·16 이듬해인 1962년 국내재산 해외도피 혐의로 구속되었고, 부일장학회의 땅 10만 평과 부산일보 주식, 한국문화방송 주식, 부산문화방송 주식 전부를 군사정권에 넘겼다. 부일장학회는 이후 5·16장학회로 이름이 바뀌었다가, 1982년 박정희 대통령과 부인 육영수 여사의 이름을 한 자씩 따 재단법인 '정수(正修)장학회'로 바꾸었고, 그해에 김지태 씨는 유명을 달리했다. 그런데 유족들은 장학회 재산의 헌납 과정에 강제성이 있었고, 서류상으로는 김지태 사장이 자진 납부한 것으로 돼 있지만, 실제로는 군부세력이 강제로 빼앗아 갔다고 주장하면서 이 문제는 정치의 회오리바람 속으로 들어오게 되었다. 고 김지태 씨는 자서전 〈나의 이력서〉(1976년)에서 당시 정황을 설명하며 강제로 헌납

했다고 털어놓고 있으며, 그의 장남인 김영구 씨도 "감옥에 갇힌 상태로 수 갑이 채워진 채 포기각서를 쓴 만큼 명백한 강탈"이라고 주장했다. 현재 정 수장학회는 문화방송 주식 30%와 부산일보 주식 100%를 소유하고 있다. 한편 정수장학회 이사장으로 있던 새누리당 박근혜 대표는 2005년 2월에 정수장학회 이사장직을 공식 사퇴했다.

그런데 최근 대선을 앞두고 이 문제가 또 불거졌다. 민주통합당이 박근 혜 새누리당 대통령 경선 후보와 연관된 단체, 특히 정수장학회를 또 물고 늘어진 것이다. 이는 얼마 전에 중앙선관위가 안철수재단 활동에 대해 공 직선거법 위반이라는 결정을 내리자 새누리당이 대통령 후보로 나설지도 모를 안철수 서울대 융합과학기술대학원장에 대한 공세를 펼친 데 대한 역 공이었다. 민주당 원내대책회의에서 "정치적으로 강탈된 정수장학회에서 박근혜 후보는 10년 동안 비상임 이사장으로 재직하며 11억 원을 받았고, 이사장 이름으로 매년 엄청난 학생들에게 10년 동안이나 장학금을 지급한 반면에 안철수재단은 사재를 털어 사회에 환원한 재단이라는 점을 상기해 야 한다"고 했다. 뒤이어 적어도 새누리당과 박 후보측은 안 원장에게 뭐라 고 얘기할 염치가 없다고 따라서 정수장학회는 원래의 부일장학회로 돌아 가든지 사회 환원을 하든지 해야 하며, 이 문제를 말끔히 해결하지 않은 상 황에서 안철수재단을 비판하는 것은 개탄을 금할 수 없는 일이라고 비판의 수위를 높였다.

야당이 주장하는 요지를 말하자면 이렇다. 정수장학회 등 박근혜 후보 와 직·간접적으로 연관돼 있는 단체들에 대해서도 중앙선관위가 공직선거 법 위반 여부를 판단해야 한다는 주장으로, 이는 민주당의 잠정적 연대 대상인 안철수 원장을 감싸는 것으로 볼 수 있을 것이다.

혹자는 야당의 공세를 비판하면 내가 정수자학회의 수혜자기 때문이라고 말할지 모른다. 하지만 나는 그런 말에 신경 쓰지 않고 할 말은 하겠다. 더 이상 정수장학회를 욕보여서는 안 된다. 정수장학회는 명칭과 이사장이 바뀌었을 뿐 처음부터 장학회였다. 그리고 이 장학회는 정관을 변경하여 장학사업의 취지에 반하는 행위를 하지 않았으며 처음부터 줄기차게 장학사업만 해왔다. 야당이 주장하는 것처럼 정수장학회가 정치적 활동을 했다면 당연히 그 설립목적에 벗어났으므로 선관위뿐만 아니라 관련기관의 조사를 받아야 마땅할 것이다. 하지만 지금까지 정수장학회가 그 기금으로 정치활동을 했다는 증거는 어디에도 없다.

대선을 몇 달 앞둔 이 시점에서 선관위가 안철수재단을 문제 삼은 것은 그 명칭 때문이다. 그 명칭을 계속 사용하면서 재단활동을 한다면 대통령선거의 간접적인 선거운동이 되거나, 적어도 그렇게 비춰질 수도 있다는 것은 삼척동자도 알만한 일이 아닌가. 비록 그 성격이 공익적이라 할지라도 안철수재단이라는 명칭으로 재단활동을 하기 위해서는 법정선거기간을 기다려야 한다. 현 시점에서 재단활동을 계속하려면 재단의 명칭을 바꾸어야 할 것이다.

그러면 정수장학회는 사람 이름이 아니고 뭐냐면서 따지는 이가 있을 수 있다. 물론 '정수'라는 명칭도 사람 이름인 것은 맞다. 하지만 이 분들은 이미 고인들로 정치에 영향을 미칠 수 없다. 만약 돌아가신 두 분, 고 박정희 대통령과 육영수 여사가 오늘날에도 살아있는 것처럼 정치적 영향을 미치고 따라서 정수라는 명칭도 바꾸어야 한다고 주장한다면 김대중 도서관

등과 같이 정치인의 명칭을 쓴 기념관 이름을 모조리 바꾸어야 할 것이다.

정수장학회 문제의 해법을 나는 이렇게 제시한다. 정수장학회를 원래 설립자였던 김지태 씨 유족에게 돌려주어야 한다는 주장에 대해서는 그 주장이 법리에 맞지 않다고 생각한다. 왜냐하면 그것은 본래 장학회였으므로 장학회를 돌려달라는 주장은 있을 수 있지만, 설립자가 출연한 재산을 돌려달라고 하는 것은 사실상 장학회를 해산하자는 것으로 설립취지에 명백히 반하는 주장이기 때문이다. 대신 나는 고 김지태 씨 유족이 이사회에 참여하는 것은 괜찮다고 본다. 그것은 넓은 의미에서 원 설립자의 유지를 받드는 일일 것이다.

다음으로 정수라는 명칭을 사용하지 말아야 한다는 주장에 대해서는 한 발 양보해도 괜찮다고 본다. 장학회 목적과 활동이 중요한 것이지 명칭이 중요한 게 아니지 않은가. 본말이 전도되어서는 안 되겠다.

장학 사업은 그 종류와 수가 많으면 많을수록 좋다. 장학재단 설립은 재산을 사회에 환원하는 방법 중 가장 바람직한 방법이다. 우리 사회는 격심한 빈부차로 인해 갈등이 끊이지 않고 있다. 큰 관점에서 보면 장학 사업은 빈부차로 인한 갈등을 줄이는 좋은 방법이다. 우리 주변에는 가난해서 학업을 포기하는 학생이 너무 많다. 비싼 등록금도 문제지만, 경기불황으로 인해 하루아침에 길거리에 나앉을 수밖에 없는 처지에 내몰리는 아버지 어머니들이 늘어나고 있다. 그들의 자녀는 아르바이트다 뭐다 하며 한창 공부할 나이에 생업에 뛰어들어 학업의 기회를 놓치고 있다. 또한 졸지에 소년소녀 가장이 되어 어린 나이에 동생을 돌보지 않으면 안 되고 가정경제까지 책임져야 하는 딱한 청소년이 많다. 장학 사업은 국가의 손길이 미치지 못하는 그늘진 곳에 온기를 불어넣는 역할을 한다. 따라서 장학 사업은 중단 없이 계속되어야 하고 그 수와 종류도 지금보다 더 많이 늘어나야 한다. 경제적으로 여유가 있는 사람들은 기부를 생활화하고, 당국은 그들에게 세제혜택을 주어야 한다. 우리나라의 비영리 단체의 사회사업은 선진국 복지국가에 비하면 이제 겨우 걸음마 수준에 불과하다. 자라나고 있는 새싹을 보살피듯 비영리 사회단체를 보호하고 그 활동을 격려해야 한다.

나, 우리, 국가, 세계, 그리고 중소기업

좋은 사회 만들기 운동

국내 유명 일간지 J일보의 심층기사 한 쪽지를 인용해보자.

'지난 15일 오후 서울 중구의 백병원 영안실. 영하 5도의 시신보관함 앞에 박OO(78세)씨의 이름이 적혀 있었다. 박 씨의 시신은 38일째 이곳에 있다. 정부가 가족 없이 혼자 살던 박 씨의 장례를 대신 치러주기로 했지만 예산과 규정의 문제로 아직 빈소도 못 차린 탓이다……'

요컨대 이 심층기사의 핵심은 무연고 독거노인 시신이 '어째서 냉동고에서 38일째 방치되고 있는가?'였다. 이 문제를 말하기 전에 먼저 매년 늘어나고 있는 독거노인 숫자를 주목해야 한다. 통계청 자료에 의하면 독거노인은 2천년에 54만 2690명이던 것이 2010년에는 102만 1008명으로 급격히 늘어났다. 10년 만에 거의 배가 늘어난 셈이다.

다시 심층기사의 내용으로 돌아와 보자. 냉동고에 38일째 누워있는 박씨는 결과적으로 망자를 잘 대접하려는 정부의 행정적 오류로 인해 발생한 해프닝이다. 박 씨는 망자를 잘 대접하기 위한 제도, 이른바 '무연고 독거노인 장례지원 서비스' 1호 수혜자였다. 무연고 독거노인이 사망하면 통상 빈소는 물론 장례식 없이 곧바로 화장이나 매장을 하고 10년간 무연고 사망자 납골당에 안치된다. 그런데 정부는 복지 차원에서 무연고 사망자를 위해 자원봉사자나 관련 공무원을 상주로 내세워 이웃에 부고를 전하는 등 최소한 3시간 이상 장례식을 치러주겠다는 것이었다. 여기까지는 별 이상이 없는 듯하다. 그런데 다음 절차에서 문제가 발생했다.

당초 박 씨의 장례는 거주지였던 종로구 사직동 주민센터에서 맡기로 돼 있었다. 그런데 '장사 등에 관한 법률'에 따라 무연고 시신은 일단 안치된 병원이 있는 지자체가 책임을 진다. 그런데 박 씨의 시신은 종로구와 인접한 중구의 한 병원에 있었고, 박 씨가 숨진 지 20일이 지나고 나서 법규에 따라 중구청이 시신을 인계받았다. 보건복지부는 다시 장례절차를 논의하면서 최종적으로 중구청에 장례를 맡겼다. 문제가 해결되고 박씨는 '무연고 독거노인 장례지원 서비스' 절차에 따라 장례가 치러질 듯했으나 다시 문제가 불거졌다. 보건복지부가 만든 무연고 독거노인 장례지원 서비스 매뉴얼에 따르면 사망자 1인당 40 만원 내외로 장례를 치르도록 돼 있다. 빈소 대여료 10만 원, 장례식 봉사자 교통비 5만 원 등 비교적 구체적으로 금액이

나, 우리, 국가, 세계, 그리고 중소기업

명기되어 있다. 그런데 구청은 미처 관련 예산을 마련하지 못했고, 그 사실을 복지부에 통보하자 복지부는 병원에 협조를 구해서 장례를 치르면 될 것이라는 답변을 들려줬다. 구청 공무원이 병원에 사정이라도 하라는 말이었다. 거기다 일반 병원이나 장례식장의 하루 빈소 대여료가 최소 50만 원 수준인 것을 감안하면 전체 장례비를 40만 원으로 치르기는 사실상 불가능하다. 그래서 구청 공무원은 하루 빈소 10만 원에 맞추기 위해 병원 측에 "정부가 정한 최소 장례시간인 3시간만 빈소를 빌릴 수 있느냐"고 문의했지만, 빈소를 하루 단위로 내주고 있어 몇 시간만 대여하는 것은 어렵다는 답을 들었다.

이것이 무연고 독거노인 박 씨가 냉동고의 얼음덩어리로 38일 동안 누워 있어야 했던 사태의 전말이다. 한 가지 재미있는 사실은 시신 냉동보관함 사용 비용만 150만 원이 넘게 들었다는 것이다. 탁상행정의 표본으로 삼을 만한 사례가 아닐 수 없다.

국가행정기관이 정책을 시행할 때는 실수가 없어야 한다. 이런 실수가 반복되면 국민은 국가행정기관을 불신하게 되고 정책을 따르지 않는다. 한마디로 권위가 떨어져 말에 씨알이 먹히지 않는 것이다. 가수나 배우가 공연을 시작하기 전에 반드시 리허설을 하는데 실수를 하지 않기 위해서 그런 수고를 마다하지 않는 것이다. 가수나 배우도 그럴진대 하물며 국가정책을 시행하는 공무원이 어떠해야 하는지는 말이 필요하지 않다.

내가 독거노인 박 씨의 시신이 냉동고에서 38일이나 방치된 사례를 인용한 것은 정책시행의 안이함과 탁상행정의 문제점을 꼬집으려는 의도도 있지만, 그보다는 저출산 고령화 사회로 접어든 대한민국 사회의 문제점을 말하기 위해서이다. 기하급수적으로 늘어나는 독거노인의 수는 고령화 사회의 전형적인 현상이다. 테러나 전쟁만 위험한 게 아니다. 저출산 고령화 사회를 이대로 방치하면 국가의 존립 자체가 위협받는 심각한 결과를 낳는다.

UN은 65세 이상 노인이 전체 인구에서 차지하는 비율이 7%인 사회를 '고령화 사회', 14%를 넘는 사회를 '고령 사회'로 규정한다. 우리나라는 이미 고령화 사회로 접어들었으며, 2018년에 고령 사회에 도달한다고 통계는 말하고 있다. 한국의 경우는 고령화 속도가 선진국에 비해 매우 빠르게 나타나고 있고 그게 점차 사회 문제로 부각되고 있다는 것이다. 복지비용의 증가로 인한 국가의 재정난, 경제력 상실과 정체성 혼란에 따른 노인 자살률 증가와 그것에 파생되는 문제로 요약될 수 있다. 저출산에 따른 생산가능인구의 감소는 국가의 재정을 어렵게 할 뿐만 아니라 복지에 신경을 쓸 수 없게 만든다.

저출산 고령화 사회의 문제를 해결하기 위해서는 먼저 출산율을 높여야 한다. 출산율이 낮은 것은 선진국의 보편적인 현상이지만 특히 우리나라는 그 정도가 심하다. 이에 정부 당국은 출산율을 높이기 위해 출산 장려금과 유아교육비 지원 등 다각도의 노력을 기울이지만 그 효과는 미미하다. 어째서 그런가? 그것은 저출산의 원인을 정확히 꼬집지 못하고 결과만 가지고 대책을 세웠기 때문이다.

출산율이 낮은 원인을 가임여성의 경제활동과 사회진출에서 찾아야 한다. 평균 결혼연령이 높아지는 현상, 점점 가중되는 취업난, 높은 사교육비와 대학등록금, 10년 동안 월급을 한 푼도 쓰지 않고 저축해도 사기 어려운 집값 등 복합적 원인이 작용했기 때문이다.

먼저 시행해야 할 정책으로 직장 내 탁아시설을 들 수 있다. 직장인 어머니는 출근과 동시에 직장 내 탁아시설에 아이를 안심하고 맡기고 출근하는 것이다. 아이 어떻게 지내는 지 궁금하면 탁아시설 곳곳에 설치된 CCTV를 통해 모니터링 하면 된다. 보건복지부는 법령으로 일정 규모 이상 사업체에는 이런 시설을 의무적으로 설치 할 것을 강제해야 한다. 다음으로 생각해볼만한 것이 직장 내 가임여성에 대한 차별이 없어야 한다. 가임여성은 업무능력이 다소 떨어지는 게 사실이다. 그러나 그렇다고 해서 차별해서는 안 된다. 이 또한 모자보건법 차원의 인권적 차원으로 접근할 필요가 있다. 가임 직장인의 출근 시간을 다소 늦춰주거나 퇴근 시각을 앞당겨주는 것도 한 방법이 될 것이다. 또 출산 후에는 충분한 산후조리를 보장해야 하고, 그 배우자에 대한 배려도 제도적 차원에서 있어야 한다. 이처럼 출산장려정책은 원인을 없애는 데 초점을 맞추어 법령을 마련하는 게 필요하다.

내가 생각하기에 저출산의 근본적인 원인은 경제와 그것에 따른 파생적 문제에 있다. 결혼적령기 젊은이들이 자식 낳기를 기피하는 이기적 세태를 지적하기도 하지만 근본적인 원인은 경제적 부담이다. 자식을 낳으면 경제적 부담이 가중되고 자신들의 삶이 희생될 거라는 불안감이 자식 낳기를 거부하는 것이다. 만약 이런 경제적 부담을 국가가 대신 진다면 출산율은 지금보다 훨씬 높아질 것이다. 자식을 낳고 싶은 것은 인간의 본능이다. 경제적 부담 앞에서 인간의 본능이 맥을 못 추는 현상이 바로 저출산 현상인 것이다. 이러다가 자손을 보고 싶어 하는 본능이 사라지는 건 아닌지 모르겠다. 왜냐하면 유전자는 일정한 상태가 오래도록 지속되면 변형되기 때문이다. 그만큼 오늘날 인간의 삶에 경제는 가장 상층에서 때로는 인간을 절망하게 만들고 때로는 인간에게 달콤한 천국을 보여주기도 한다.

다시 고령화 사회로 문제를 돌리자. 국내 독거노인은 2000년 55만 명에서 2010년 102만 명으로 급증했다. 서울의 1인 독거가구는 최근 30년 동안 10배 이상 증가했다. 또 1~2인 가구의 70% 안팎이 60대 이상 고령자들이며, 빈곤인구의 절반 이상이 1~2인 가구에 집중되어 있다. 또한 65세 이상 노인 5명 중 3명은 자녀와 따로 산다. 부모를 부양해야 한다고 생각하는 자식들은 36%에 불과하다. 더 이상 자식이 부모를 부양하지 않으므로 나이가 들어 간병이 필요한 시점이 오면 다음 세 가지 중 한 가지를 선택해야 할 것이다. 요양병원으로 들어가거나, 간병 서비스를 받거나, 가족을 대체할 수 있는 사회복지망 구축에 따른 보살핌을 받는 것이다. 현재 요양병원에 가기 위해서는 본인부담금이 필요하고 그게 없는 사람은 그곳에 들어갈 수 없다. 간병서비스 또한 마찬가지다. 사회복지망 구축에 따른 보살핌이 필요한 이유가 바로 여기에 있다.

얼마 전에 보건복지부 산하 한 기관에서 어르신의 하루 생활방식을 설문을 통해 조사했더니 이런 결과가 나왔다. 일을 하거나 누군가와 접촉을 해서 대화를 하는 사람이 52%, 나머지는 홀로 우두커니 텔레비전을 보든가 혼자 무료하게 하루의 대부분 시간을 보낸다고 한다. 눈에 띄는 것은 하루를 어떻게 지내든 불안감을 가지고 산다는 것이다.

2012년 8월 15일, 좋은 사회 만들기 운동본부 창립총회를 충청북도 옥천군민 체육관에서 가졌다. 전국 경상도, 전라도, 충청도, 경기도, 서울 등 전국 각지에서 전세버스를 타고 온 회원들이 속속 도착했다. 이윽고 옥천군

나, 우리, 국가, 세계, 그리고 중소기업

민 체육관이 꽉 찼는데, 기대 이상으로 사람들이 많이 모였다. 그만큼 좋은 사회를 향한 열망이 크다는 반증이었다. 또한 지역에서 활동하는 책임자들의 노고가 읽혀졌다. 행사가 끝나면 이들을 하나하나 격려하리라고 마음먹고 있는데 그 중 한 분이 "오늘이 고 육영수 여사 추모제가 동상이 있는 옥천여성회관에서 열려 행사에 참석했고, 주최 측이 마련한 점심을 먹고 오는 길"이라고 귀띔했다. 나는 참 잘 했고, 실은 나도 그 추모제에 참석해서 향을 사르며 조문을 했다고 말했다. 나는 잠시 고 육영수 여사의 죽음을 떠올렸다. 여사는 1974년 8월 15일 광복절에 대통령이 경축사를 하던 중 북괴의 지령을 받은 문세광이 쏜 총탄에 머리를 맞고 운명하셨다. 그때 나는 중학생이었는데, 여사가 총을 맞고 쓰러지는 것을 이장님 댁 텔레비전 화면으로 보았다. 실로 충격적인 사건이어서 지금까지도 그 장면을 생생하게 기억하고 있다. 아마도 7080세대라면 그 시해사건을 나처럼 또렷이 기억하고 있을 것이다.

알려져 있다시피 고 육영수 여사는 충청북도 옥천 출생으로 본관도 옥천이다. 아버지 육종관과 어머니 이경령 사이의 1남 3녀 가운데 둘째 딸로 태어났다. 1930년대 말 옥천에서 초등학교를 졸업하고, 1942년에 서울 배화여자고등학교를 졸업했다. 그 후 옥천중학교에서 교직생활을 하다가 1950년 10월 12일 당시 박정희 중령과 결혼했다.

나는 어디선가에서 읽은 회고록의 한 구절을 떠올렸다. 육영수 여사는 박정희 중령을 처음 보자마자 마음이 끌렸다. 훗날 박정희 중령을 처음 만났을 때를 이렇게 회상했다. "맞선 보던 날 군화를 벗고 계시는 뒷모습이 말할 수 없이 든든했습니다. 사람은 얼굴로서 남을 속일 수 있지만 뒷모습은 남을 속일 수 없는 법이에요. 얼굴보다 뒷모습이 정직하거든요."라고 했다.

육영수 여사는 1963년 박정희가 제5대 대통령에 당선된 이후 대통령 영부인으로서 각종 사회활동, 육영사업, 적십자활동 등에 적극적으로 참여했다.

육영수 여사가 유명을 달리할 당시의 나이가 49세였다. 지금 내 나이가 50이 넘었으니 참으로 아까운 나이에 유명을 달리했다. 나는 이른바 '운명'이라는 단어를 잠시 생각했다. 지금 육영수 여사의 딸이 여당 대표가 되어 대통령 선거를 앞두고 있다. 그녀가 국민의 선택을 받을 수 있을지 자못 궁금하다. 자식 중에 한 명은 반드시 아버지를 닮는다는 옛말이 맞았다.

말이 나왔으니 야당과 세간에서 박근혜 후보에 대한 공격을 언급하지 않을 수 없다. 박근혜 후보는 5·16군사 쿠데타에 대해 어떻게 생각하느냐는 한 후보의 질문에 이렇게 답했다. 당시 상황으로서는 구국을 위해서 어쩔 수 없는 선택이지 않았겠느냐고. 그러자 그들은 일제히 기다렸다는 듯이 야당과 일부 경선 후보들은 박근혜 후보의 역사관에 심각한 흠결이 있다고 공격했다. 아울러 독재자의 딸이라는 표현도 서슴지 않는다.

나는 그들의 공격이 정치적이지 않을 뿐만 아니라 인간적으로 좀 잔인하다는 생각마저 든다. 그들은 아버지를 부정하는 자식을 보고 싶었을 것이다. 북한의 사주를 받은 간첩의 총탄에 부모를 잃은 자식에게 그 부모가 잘못됐음을 인정하라는 것은 인민재판을 하며 부모를 고발하라고 강요하는 공산주의자들을 보는 듯한 느낌마저 든다. 박정희 전 대통령에 대한 평가는 아직도 현재진행형이다. 이른바 개발독재 시대에 민주주의의 희생은 있었으나 경제는 눈부시게 발전했다. 한 역사적 인물을 평가할 때 잘한 점과 못한 점을 같이 고려해야 한다. 침소봉대하듯이 한 쪽만을 보고 전체를 평가하는 우를 범해서는 안 되는 것이다.

또한 아버지의 과오를 자식에게 덧씌워서는 안 된다. 그것은 이미 오래 전에 사라진 연좌제에 다름 아니다. 아버지의 죗값을 자식이 치러야 한다는 논리는, 논리가 아니라 요령부득이며, 연좌제를 부활시키자는 발언과 다름없다. 혹자는 그게 아니라 박근혜 대표의 역사관을 문제 삼는 것이라고 반론한다. 비유컨대 이는 알맹이는 그대로인데 포장만 다른 물건으로 살짝 바꿔서 새 물건이라고 주장하는 것과 같다. 한마디로 그들은 끊임없이 자식이 부모를 부정하라고 요구하고 있고, 이에 박근혜 후보는 곤혹스러워하며 끝까지 부모를 부정할 수 없다며 버티고 있는 형국이다. 여기서 나는 예수를 부인한 그 제자들을 떠올린다. 상황이 불리해지자 예수 제자들은 모두 예수를 모른다고, 만난 적도 없다고 딱 잡아뗀다. 오늘날 시국은 박근혜 후보로 하여금 예수를 부인한 제자처럼 아버지를 부인하라고 끝없이 종용하고 협박한다.

이야기가 옆길로 샌 듯하다. 다시 좋은 사회 만들기 운동 이야기로 돌아오자. 이날 참가한 인사들에게 이 자리를 빌려 재차 감사드리고 싶다. 서울 양천 갑 길정우 국회의원, 대구 서 김상훈 국회의원, 충남 보령군 심태흠 국회의원, 옥천 육씨 종친회장 육동일 교수들은 만사를 제쳐두고 옥천까지 달려와 주었다. 특히 새누리당 길정우 의원은 불과 얼마 전까지 국회의원 경선 후보로 나와 경쟁하던 사이였으나, 국가의 장래와 대의를 위래 서울에서 옥천까지 불원천리하고 달려와 자리를 빛내주었다. 그분의 통 큰 정치 행보는 능히 정치인의 귀감이 될 만하다.

이날 나는 상임회장으로 단상에 올라 3천여 명의 회원들 앞에서 '좋은 사회 만들기 운동' 창립을 선포한 뒤 취지문을 읽었다.

먼저, 무더운 날씨에도 불구하고 '좋은 사회 만들기'를 위해 이 자리에 발걸음을 해주신 여러분께 깊은 감사의 인사를 올립니다. 오늘 우리는 대한민국의 장래가 걱정되고, 나아가 보다 살기 좋은 대한민국을 만들기 위해 전국 각지에서 이렇게 모였습니다. 살기 좋은 대한민국은 한마디로 근심이 없는 대한민국입니다. 그러나 안타깝게도 현재 대한민국은 근심이 너무나 많습니다. 정치 경제 사회 문화, 어디를 둘러보아도 시원한 구석이 없습니다. 예를 하나 들어보겠습니다. 여러분은 '저출산 고령화 사회'라는 말을 자주 들으셨을 겁니다. 고령화 사회는 전 세계적 화두로, 한국 사회도 예외는 아닙니다. 현재 우리나라는 65세 이상 노인 인구가 총인구의 10%를 넘어섰고, 2018년 이전에 14퍼센트를 넘어서게 될 것입니다. 잘 아시다시피 고령화 사회는 단순히 늙은 사람이 많다는 말이 아닙니다. 은퇴로 인한 경제적 어려움, 세대 간의 갈등과 정체성의 혼란으로 인한 자살 등의 문제를 만듭니다.

그밖에도 우리 사회는 많은 문제를 안고 있습니다. 경제적 어려움으로 부모가 가출하여 졸지에 가장이 된 소년 소녀들, 시와 때를 가리지 않고 일어나는 각종 범죄. 또한 지난날 미덕으로 여겼던 '효'와 같은 가치관은 실종되어 버렸습니다. 자식이 부모를 유기하고 그것이 아무렇지도 않게 여기는 사회가 되어 버렸습니다. 지금 이 시간에도 쪽방에서 더위를 견디던 독거노인들은 밤새 안녕이란 말이 무색하게 돌아가시거나 스스로 목숨을 버리고 있습니다. 이러한 현상을 더 이상 모른 척해서는 안 됩니다.

성숙한 사회는 우리 모두 더불어 사는 사회입니다. 여러분, 주변을 둘러

나, 우리, 국가, 세계, 그리고 중소기업

보십시오. 빈곤으로 고통 받으며 의료 혜택조차 못 받는 사람들은 또 얼마나 많습니까. 살만한 사회를 만들기 위해서는 우리 주변에 소외받는 사람들이 없어야 합니다. 선진국 사회로 나아가기 위해서는 사회구성원 각자가 의식을 개혁하여 나눔과 돌봄을 실천해야 합니다. 악이 무엇이냐고 누가 묻는다면 저는 이렇게 대답하겠습니다. 선을 실천하지 않는 게 바로 악이라고 말입니다.

그리고 무엇보다 세대 간의 소통과 나눔 활동이 절실합니다. 어르신들은 젊은이들에게 경험과 지혜를 들려주고, 젊은이들은 그 말에 귀를 기울여야 합니다. 또 어르신들은 젊은이의 열정을 배울 필요가 있습니다. 여러분, 근심 없는 사회를 만들기 위해서는 어떻게 해야 할까요? 여러분과 나는 이미 그 답을 알고 있습니다. 좋은 사회 만들기 운동은 나눔과 봉사를 생활화하여 공존과 번영의 시대를 열어가는 데 앞장설 것입니다. 감사합니다.

좋은 사회 만들기 운동 창립총회는 성황리에 끝났다. 나는 우리 사회를 변화시키고자 하는 국민의 열기를 온몸으로 느꼈다. 전국 각지에서 오신 회원들과 초청 내빈들을 배웅한 뒤 나는 잠시 체육관 주차장 벤치에 앉아 휴식시간을 가졌다. 만감이 교차하면서 오늘에 이르기까지 일어났던 크고 작은 일들이 주마등처럼 스쳐갔다. 무엇보다 지난 몇 년간 좋은 사회 만들기 운동을 위해 혼신의 힘을 다해준 각 지역 책임자들의 노고가 새삼 고마웠다. 또 누가 시킨 것도 아니고 보수가 있는 것도 아닌데, 남보다 앞장서 행동하며 몸소 다른 사람의 본보기가 된 그들의 정신이 존경스러웠다. 그때 나는 앞으로 이 운동을 지속적으로 펼쳐나갈 것을 마음속으로 다짐했다.

　나는 오래 전부터 여가문화에 대해 강조해 왔다. 듣는 사람에 따라서는 여가문화란 말이 생소하게 들릴 수도 있겠다. 여가문화란 한마디로 일하지 않는 시간을 잘 놀아야 할 필요성이 있다는 것이다. 그동안 우리 사회는 성장을 너무 중시한 나머지 일하는 것에만 치중한 시대에 살아왔다. 상당수의 노동자들이 일하지 않으면 불안하고 초조해 하는 일 중독증 환자들인 것이다. 휴일을 잘 놀아야 일도 열심히 할 수 있고, 잘 놀면 노동생산성이 높아진다는 것은 이미 통계로 입증되었다.

내가 주장하는 여가문화란 여가에 문화의 옷을 입히자는 것이다. 인간의 행복추구권을 강조하면서 일과 여가의 조화를 꾀하기 위한 노력이 필요한 시점이다. 우리는 그동안 여가문화와 정책이 없었다. 문화관광부는 여가문화에 대한 정책을 입안하고 그와 관련된 지원을 해야 한다. 여가문화에 소외돼 있는 저소득층에 대한 지원을 해야 한다. TV 시청, 낮잠, 산책 등의 소극적 여가문화에서 문화, 여행, 스포츠 활동 등의 적극적 여가문화로 탈바꿈시켜야 한다.

혹자는 그건 개인의 일이지 정부당국이 나설 일이 아니라고 할지 모른다. 하지만 선진 복지국가는 적극적인 여가문화 정책으로 삶의 질을 높이고 있다. 예컨대 하루 종일 우두커니 TV를 시청하는 독거노인은 사회복지사의 도움을 받아 여행이나 문화공연을 관람하거나 가벼운 스포츠를 즐길 수 있도록 해야 한다. 이렇듯 여가문화의 확산을 통해 생산과 성장만 강조하는 시대에서 국민의 행복추구의 시대로 나아가야 한다.

현재 우리나라 여가문화는 활성화돼 있지 않다. 이는 각종 통계 수치에서 확인되고 있다. 2010년에 복지부에 의해 조사된 국민여가활동실태를 보면 주5일제가 시행됐지만 여가 활동으로 TV시청·산책·낮잠 등의 휴식이 36.2%, 문화예술 관람 및 활동 7.2%, 스포츠 활동 9.5%, 그리고 관광이 4.7%에 머물고 있다. 이 통계가 말하는 바로는 우리나라 국민 대부분이 휴식 시간을 집에서 보내고 있다.

같은 조사에서 시간과 경제적 여유가 생긴다면 여가 활동으로 무엇을 하고 싶은지를 묻는 질문에 여행(43.4%), 문화예술 관람 및 활동(9.5%), 스포츠 활동(8.1%), 자기 계발(7.1%) 순으로 나타났다. 국민이 원하는 것은 창조적 여가문화를 누리는 것이지만, 결론은 시간과 돈이 부족하다. 다시 말해 저소득층의 경우에는 돈이 없어서, 고소득층의 경우는 시간이 없어 여가문화를 즐기지 못하고 있다는 것이다.

나는 저소득층에 '문화생활 바우처' 제도를 적극적으로 활성화해야 한다고 전부터 주장해왔다. 그 내용은 정부가 저소득층에게 복지 서비스의 일환으로 문화공연이나 관광 티켓을 구매하여 무료로 나누어 주거나 무료 관람을 할 수 있는 카드를 발급하는 것이다. 문화생활 바우처 사업은 돈이 없어 문화생활을 누릴 수 없는 저소득층에게 무엇보다 절실하게 필요한 사업이다.

저소득층 뿐만 아니라 직장인들의 건전한 여가문화도 절실히 필요하다. 앞서 말했듯 건전한 여가문화는 노동생산력을 높인다. 그렇기 때문에 선진국은 기업 차원에서 직원들에게 여가문화를 장려하고 독려하고 있다. 이를테면 직장 내 밴드동아리를 만들어 정기적으로 공연을 하는 것이다. 이렇게 하면 밴드를 결성한 구성원뿐만 아니라 직원들도 문화생활을 즐길 수 있으니 일석이조의 효과를 거두는 셈이다.

나는 몇 년 전부터 '한국 직장인예술인협회' 회장직을 맡고 있다. 여가문화의 중요성을 알고 이를 실천하고 있는 셈이다. 전국에 흩어져 외롭게 활동하고 있는 직장인 밴드동아리를 한 데 묶어 서로 정보를 교환하며 우의를 다지는 한편 경연의 장을 마련하고 건전한 여가 생활을 함께 즐기자는 취지에서 결성되었다. 나는 초대 회장으로서의 소임을 다하기 위해 지난 몇 년 동안 동분서주했다. 전국에 산재한 밴드인들을 규합하여 사단법인을 만드는 과정은 지난했지만 보람 있는 일이었다. 아쉬운 점은 각 직장밴드인들이 소속된 기업의 지원이 전무하다는 것이다. 재차 강조하는 바지만 여가문화를 즐기면 노동의 생산력이 높아진다. 그런데 기업체 사장님들은 이 사실을 잘 모를 뿐만 아니라 직장 내 사원의 동아리 활동에 별반 관심이 없다는 것이다. 하루 빨리 인식의 전환이 있어야 하겠다.

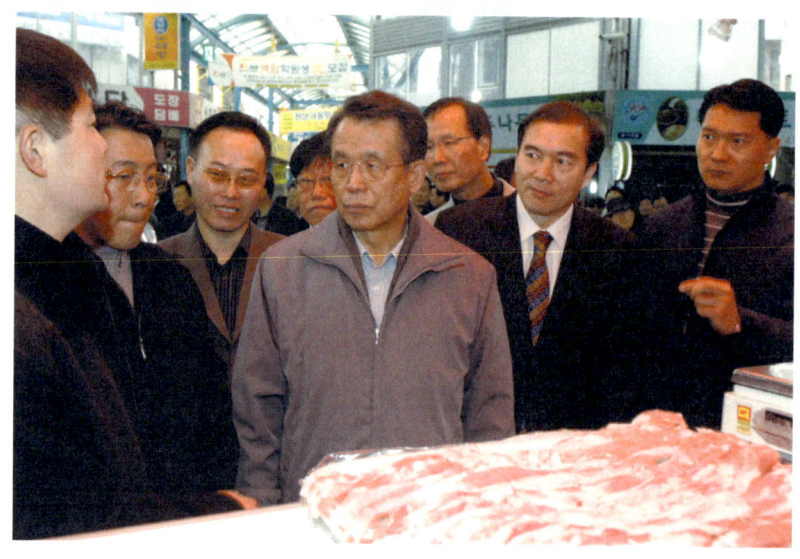

　최근 새누리당 박근혜 후보가 대통령 후보 경선에서 압도적인 표차로 다른 후보들을 물리쳤다. 모두 예상했던 결과였다. 그날의 후보 수락 연설은 당이 나아가야 할 방향을 제시한 것인 동시에 국민을 상대로 한 공약의 성격이 짙다. 그 연설을 요약하면 이렇다. 화합과 변화, 경제민주화, 그리고 복지의 확대이다. 먼저 화합은 계층 간, 지역 간의 화합이다. 이명박 정부의 경제정책은 가난한 자를 더욱 가난하게 만들고 부자를 더욱 부자로 만드는 측면이 없지 않았다. 엄밀히 말하면 이명박 정부의 잘못이라기보다 세계화에 따른 신자유주의를 표방한 국가의 운명 같은 것이었다. 지역 간의 화합은 망국적 지역감정을 일소하고 나아가 남북의 통일을 염두에 둔 발언이다. 복지의 확대는 경제민주화와 궤를 같이하는 것으로 시대적 대세에 부응해야한다는 판단이 섰기 때문이 아닌가 한다.

이른바 경제민주화 문제를 자세히 들여다보면 그 근저에 서로 근접하기 어려운 평행선 같은 이론이 버티고 있다. 이름하여 케인즈주의와 하이에크주의다. 케인즈주의에 의하면 자유방임적 자본주의는 경제주체들 간의 무자비한 무한경쟁으로 인해 빈부격차가 심해지고 실업률이 증가하는 등 이른바 시장의 실패를 초래한다. 반면에 하이에크주의에 의하면 권력이란 부패하기 쉬운 데다 그 힘이 막강할수록 관료화에 따른 부패, 세금증대, 인플레이션 등 이른바 '정부의 실패'를 초래한다. 경제학자들과 정치인의 견해는 크게 이 두 가지로 대별된다. 경제민주화를 주장하는 측은 케인즈주의처럼 정부의 시장개입을 적극적으로 지지한다. 반대로 정부의 실패를 예로 든 하이에크주의는 가능한 정부의 개입을 축소해야 한다고 한다.

현재 야당의 몇몇 국회의원과 시민단체에서 주장하는 경제민주화의 골자는 이렇다. 재벌을 해체하고 기업의 순환출자를 금지해야 하며 출자총액제한제를 부활해야 한다. 또 재벌세를 신설하고, 지주회사의 규제를 강화해야한다. 나아가 금산분리를 강화하고 연기금이 주주권 행사를 하기 위한 방안을 마련해야 한다. 또 대기업의 편법 상속을 제한하고 법인세를 대폭 인상해야 하며, 금융소득 과세를 강화해야 한다.

나는 재벌을 해체해야 한다는 주장에 대해서는 반대한다. 그 주장이 사회주의적 발상이어서라기보다 논리와 명분이 빈약하기 때문이다. 우리나라 경제성장 과정에서 재벌이 필요악처럼 형성되었고 이제는 그것이 필요 없어졌기 때문에 해체되어야 한다는 주장은 요령부득이다. 그것은 논리의 차원이 아니라 부자를 질시하는 감정의 차원이다. 재벌은 공과는 있다. 과의 측면에서 보면 재벌은 막강한 경제력 남용해서 불공정 행위를 한다. 구체적으로 대기업은 납품단가를 후려쳐서 중소기업을 어렵게 만들고 자신들의 배를 채우는 행위다. 또 계열사에 일감을 몰아주어 다른 중소기업은 명암조차 내밀지 못한다. 한편 공적인 측면은 오너경영의 장점을 들 수 있다. 이에 대해서는 뒤에 따로 언급을 하겠다. 재벌경영은 무엇보다 경제발전을 앞당기고 촉진시켜 한 기업이 세계 굴지의 글로벌기업으로 성장하는 토양이 될 수 있다. 삼성이 바로 그 전형적인 예다.

나는 이렇게 말하고 싶다. 재벌의 공과는 분명히 있다. 그러니 재벌해체니, 재벌개혁이니 하는 말 대신에 '경제정의' 혹은 '페어플레이'란 말을 쓰기를 제안한다. 재벌의 긍정적인 역할을 인정하면서 재벌의 문제점으로 제기된 경제력 남용과 불공정 행위 등을 차단할 수 있는 방안에 주력하는 것이 국가발전에 더 도움이 되지 않겠는가. 구체적으로 대기업의 납품단가 인하에 대해서는 고소·고발자에게 적정한 보상을 하는 한편 해당 기업에 징벌적 손해배상 책임을 묻는 제도를 도입하고 그 적용범위를 불공정행위 전반으로 확대하는 것이다.

순환출자를 금지해야 한다는 주장에 대해서는 결론적으로 말해 찬성이다. 순환출자는 재벌·대기업 총수들의 경영활동과 밀접하게 연결된다. 기업의 순환출자는 대기업의 일감몰아주기의 원인이 된다. 순환출자란 재벌그룹들이 계열사를 늘리고 계열사를 지배하기 위해 사용하고 있는 주요수단이다. 예컨대 A사가 B사에 출자하면 A사는 B사의 최대주주의 지위를 갖게 된다. 이어 B사가 C에 출자할 경우 B사의 최대주주인 A사는 B사와 C사의 최대주주가 돼 B사와 C사를 동시에 지배할 수 있게 된다. 여기에 다시 C사가 지배주주인 A사에 출자하면 A사의 서류상 자본금은 늘어나 확실한 지배주주 역할을 할 수 있게 된다. 자세히 예를 들면 먼저 A사가 100억 원의 자본금을 갖고 B사의 유상증자에 참여해 50억 원을 출자한다. B사는 C사에 30억 원을 출자하고 C사가 다시 A사에 10억 원을 출자한다. 이렇게 되면 A사는 100억 원으로 B, C사의 대주주가 될 수 있고 자본금도 110억 원으로 늘어나게 된다. 그러나 이 자본금은 장부상에만 나타난 것일 뿐이다. 결과적으로 실제 자본금은 100억 원이며 나머지 10억 원은 거품인 셈이다. 또 이런 식으로 몇 번 순환출자를 하면 계열사의 장부상 자본금은 큰 폭으로 늘지만 실제 자본금은 얼마 되지 않는다. 그런데 문제는 만일 B사가 부도나면 A사의 자산 중 50억 원이 사라지게 된다. 한 계열사가 부실해지면 출자한 다른 계열사까지 부실해지는 부실의 악순환이 발생하는 것이다. 현행 상법과 공정거래법에서는 A와 B 두 계열사 간 출자, 즉 상호 출자를 금지하고 있는데, 순환출자에 대해서는 별도의 규정을 두고 있지 않다. 순환출자 규모나 내용을 파악하는 일이 쉽지 않았기 때문이다. 따라서 현행법상 순환출자는 상호출자 금지로 생겨난 일종의 편법으로 위법은 아니다.

순환출자 금지에 따른 부작용도 무시할 순 없다. 먼저 대기업 순환출자의 대상이 된 알짜 기업들이 외국인 투기자본에 넘어갈 가능성이 있다. 또한 대기업 총수는 신규투자를 하지 않고 경영권 방어에 골몰하여 투자에 대한 계획을 제대로 세우지 못할 것이다. 이는 상당 기간 국내 투자의 위축으로 이어지고 가뜩이나 어려운 경제에 찬물을 끼얹게 될 우려가 있다.

이 문제에 나는 이런 해법을 제시하고자 한다. 우선 과거에 이루어진 순환출자에 대해서는 제재를 가하지 말아야 한다. 만약 이미 출자된 자본금에 제재를 가하면 기업 자본금에 공백이 생겨 혼란이 오기 때문이다. 일종의 법률의 소급효 금지 규정의 취지를 여기에 적용해서 법적안정성과 경제안정의 동시적 효과를 거둘 수 있다. 그리고 이미 출자된 자본금에 대해서는 의결권을 제한해야 한다. 계열사에 출자하는 것은 경영에 따른 지배권을 행사하기 위한 것으로 의결권을 제한하면 더 이상 대기업은 순환출자를 하지 않을 것이다.

앞서 밝혔듯이 나는 재벌해체를 반대한다. 경제정의가 정착되었다는 것을 전제로 하면 오너경영은 때로 큰 효과를 거두기도 한다. 오너 경영의 효율성은 한국 기업들은 물론 폭스바겐, BMW 등 글로벌 자동차 업체들의 좋은 성적표가 증명해주고 있다. 보는 각도를 달리하면 글로벌 경제 위기 속에서 한국 기업들이 승승장구하는 것은 오너경영의 좋은 결과일 수도 있다. 달리 말해 무엇이든 빠르게 배우고 발전하는 한국 기업의 경쟁력일 수도 있다는 것이다. 그 어느 때보다 발상의 전환이 필요한 시기이다. 대중적 선입견이 작용한 탓에 자신에게 있는 좋은 장점을 보지 못하는 우를 범해서는 안 될 것이다.

대선을 앞두고 벌어지고 있는 경제정의와 중소기업과 대기업의 상생 논쟁에서 무엇보다 중요한 것은 삼성이나 LG 같은 대기업을 어떻게 규제할 것인지보다는 어떻게 삼성과 LG 같은 기업을 더 많이 만들지를 고민해야 한다.

또한 경제위기를 긴축에서 찾을 게 아니라 완화정책으로 해법을 찾아야 한다. 긴축정책은 비유컨대 환자가 상처를 입어 피를 흘리고 있는데 피를 더 빼내야 상처가 낫는다고 주장하는 것과 같다. 이는 또 말라깽이에게 다이어트를 하라고 권장하는 것과 같다. 대선후보 중 박근혜 후보를 제외하고 하나같이 환자를 살리기 위해서는 피를 뽑고 살을 빼야 한다고 주장하고 있으니 답답할 뿐이다.

부자증세에 대해

　나는 또 세금을 인상하자는 취지의 세제개편에 대해서는 찬성이지만 그 세율이 '대폭'인 것은 단호히 반대한다. 세제개편을 반대하는 사람들은 세금을 올리는 정책은 내수 살리기에 역행된다는 논리를 펼친다. 현재와 같이 가계부채가 누적되어 중산층과 서민층의 소비 여력이 크게 낮아진 상황에서는 무엇보다 여유 있는 부유층의 소비를 장려해야 한다는 것이다. 부자세 성격을 띤 세제개편은 부유층의 소비심리를 위축시키고, 대기업에 대한 증세로 가닥이 잡힌 법인세 개편안 역시 기업들의 투자 심리를 꺾는 부정적 효과를 낳을 것이라고 한다. 그들은 이런 세금 정책보다는 차라리 대기업과 부유층의 자발적인 투자와 소비를 유인하는 게 더 좋은 방책이라고 입을 모은다. 또 그들은 부자증세를 골자로 한 세제개편은 정치의 계절을 맞아 경제 논리보다는 정치 논리가 우선된 포퓰리즘적 선동이라는 것이다.

　그러나 부자증세와 같은 경제민주화는 양극화가 심한 한국 사회의 분배구조를 개선하기 위해 반드시 필요하다. 또한 증세의 논리는 성장보다는 분배를 중시하는 태도에서 비롯된 것이 아니다. 전에도 말했다시피 성장과 분배는 어느 것이 먼저 시행되어야 하고 어느 것이 나중에 시행되어야 하는 성질의 정책이 아니다. 성장과 분배는 동시에 이루어져야 하며 성장이 있는 곳에 분배가 있고 분배가 있으면 곧바로 성장이 뒤따른다. 세제개편안이 부자들의 소비를 위축시킬 것이라는 주장에 대해서는 그 근거가 희박하다. 부자들은 세금이 올라도 여전히 전과 비슷한 규모의 소비를 한다는 게 정설이다.

다음 자료를 살펴보자.

국가\지표	조세 부담률	GDP대비 사회보장지출	1인당 GDP	지니계수	범죄율	기대수명	투명성 지수
스웨덴	50%	30%	$36,578	0.25	1.01명	80.2세	9.3(1위)
독일	36%	27%	$34,212	0.28	1.17명	78.4세	7.9(14위)
미국	26%	16%	$45,725	0.41	5.52명	77.2세	7.3(18위)

* 자료 연도: 2000~2008년
* 조세부담률: GDP 대비 조세총액의 비율
* 범죄율: 인구 10만 명 당 피살자 수
* 기대수명: 출생 시 기대수명
* 투명성지수: 국제투명성기구의 부패인식지수.
  부패가 전혀 없는 경우 10점임.

이 자료를 보면 조세부담률이 높은 국가와 낮은 국가의 차이가 극명하게 드러난다. 조세부담률이 높은 스웨덴은 조세부담률이 낮은 미국에 비해 1인당 GDP는 낮지만 범죄율과 기대수명, 투명성 지수에 앞선다. 무엇보다 지니계수가 낮다. 지니계수란 계층간 소득분배가 얼마나 공평하게 이루어졌는지를 나타내는 수치로 이탈리아의 통계학자 C. 지니가 발견한 소득분포에 대한 법칙이다. 각 계층 사이에서 이루어지는 소득 분배가 얼마나 공평하고 평등한지를 나타내는 수치이며 계층의 빈부격차를 한눈에 보여주는데, 0에 가까울수록 평등사회를 나타낸다. 주지의 사실은 소득분배의 개선은 증세도 중요하지만, 증세로 걷힌 세금을 얼마나 효과적으로 사용하느냐에 달려있다는 것을 잊지 말아야 한다.

안타까운 현실이지만 대한민국은 세계에서 불행지수 1, 2위를 다툰다. 특히 충격적인 건 자살률이다. 경제협력개발기구(OECD) 통계에 따르면 한국은 자살률 1위 국가로 인구 10만 명당 28명이 자살을 한다. 자살률 2위인 일본이 10만 명당 20명 미만이다. 주의 깊게 봐야할 것은 한국은 1995년까지는 자살률이 지금의 3분의1 수준이었다. 그렇다면 왜 이렇게 우리나라 사람들이 불행해졌을까?

나는 그 원인으로 고용 불안과 복지 부족을 답으로 제시하고 싶다. 고용 불안은 1997년 국제통화기금(IMF)의 구제금융 이후 한국 경제의 급격한 구조의 변화를 주목해야 한다. 이 시기에 단기 이익을 중시하는 기업의 경영과 한국의 미래에 관심이 없는 외국 자본의 영향력은 증가했다. 또한 노동 시장의 규제 완화로 인한 비정규직 근로자가 증가했다. 이와 더불어 김대중 정부 때부터 무분별한 외국자본의 국내 유입과 그에 따른 산업정책이 서서히 무너진 점을 지적하고 싶다. 심각한 고용 불안 문제는 김대중·노무현 정부 때 시행된 정책 탓이 크다. 과도한 자본시장 개방과 정리해고제, 그리고 근로자 파견제 등이 모두 그때 도입된 정책들이다. 오늘날 야당인 민주당이 여당을 향해 비판의 목소리를 높이는 것은 알고 보면 제 얼굴에 침을 뱉는 격이다.

나, 우리, 국가, 세계, 그리고 중소기업

금산분리에 대해

기왕 경제민주화에 대해 언급한 김에 금산분리에 대해서도 짚고 넘어가자. 최근 정치권을 중심으로 경제민주화에 대한 논란이 일면서 금융자본과 산업자본을 분리시키자는 금산분리가 주목받고 있다. 금산분리는 쉽게 말해 산업자본이 금융자본을 지배할 수 없도록 하자는 것으로 어떤 지주회사가 산업자본으로 분류되면 금융 자회사나 손자회사를 소유하지 못하도록 한 것이다. 마찬가지로 금융자본인 금융지주회사는 비금융 자회사나 손자회사를 거느리지 못하지만, 보험지주회사나 금융투자지주회사가 비금융 자회사나 손자회사를 소유하는 것은 예외적으로 인정하고 있다.

원래 금산분리는 1930년 대 미국 경제대공황 때 되었다. 그 당시 미국은 주가 대폭락과 심각한 경제 불황에 직면했는데, 상업은행들의 방만한 경영과 이런 은행들을 규제할 제도적 장치가 없었던 게 그 원인이었다는 목소리가 높았다. 이 때문에 미국은 투자은행과 상업은행을 분리시키는 법을 제정해 오늘에 이르고 있다.

국내에서 논의되고 있는 금산분리는 금융자본과 산업자본의 분리로 상업은행과 투자은행을 분리한 미국과는 그 성격이 다르다.

경제력 집중 측면에서 볼 때 산업자본이 금융까지 지배하면 대규모 경제력 집중 현상이 일어나고 산업자본이 계열사 지원의 수단으로 금융을 악용할 소지가 발생한다. 또 은행에 들어 있던 자금이 어느 특정 산업자본에 쏠려 있다가 위기가 발생하면 예금자들의 뱅크런을 야기할 수 있다. 또한 대기업이 금융기업을 사금고화 한다는 비판을 면키 어렵다. 고객의 돈을 대기업의 대주주가 지배하는 것은 문제가 있다는 것이다. 이를테면 보험고객 자금을 재벌의 사금고처럼 활용해 계열사의 경영권을 확보하려 한다는 비판이 거세게 일고 있다.

반면에 금산분리를 반대하는 측 입장에서는 순환출자금지에 따른 금산분리는 기업 경영에 큰 타격을 주므로 이 제도를 시행해서는 안 된다고 한다. 또한 특정 대기업을 겨냥한 법안이라는 지적도 있다.

현행 금산분리제도는 일단 어느 기업이 산업자본으로 분류되면 은행의 지분을 소유하는 데 제한이 있다. 현재 산업자본이 소유할 수 있는 은행 지분은 시중 은행이 9%, 지방 은행이 15%로 묶여있다. 또 금융회사는 다른 회사의 의결권이 있는 발행주식 총수의 20%를 소유하거나, 다른 회사의 의결권 있는 발행주식 총수의 5% 이상을 소유해 다른 회사를 사실상 지배하는 것으로 인정될 때에는 사전에 금융당국의 승인을 받아야 한다.

최근 논의되고 있는 금산분리는 이러한 제한을 보다 강화하자는 데 있다. 이와 비슷한 맥락의 논쟁으로 기업의 언론사 소유제한 문제가 있다. 이를테면 삼성·현대·LG 같은 대기업이 중앙일보나 기타 언론·방송사를 소유해서는 안 된다는 것이다. 만약 대기업이 언론과 방송사를 소유하게 되면 공정보도는 물 건너 갈 것이며 언론은 대주주에 유리한 보도만을 할 거라는 우려 때문이다. 나는 이 두 문제(금산분리와 언론사의 대기업 소유 제한)를 한 데 묶어서 봐야 한다고 본다. 왜냐하면 이 문제들의 본질은 대기업의 횡포를 막자는 경제민주화에서 파생된 논쟁이기 때문이다.

　나는 원칙적으로 경제민주화를 지지한다. 금산분리의 문제는 소수 지분으로 경영권을 행사하는 재벌구조에서 비롯되었다. 처음에는 저항과 부작용이 있을지 모르나, 경제민주화는 장기적으로 부의 집중을 막고 반 기업 정서를 줄여 오히려 기업에 유리한 경영 환경을 만들어 줄 것이다. 기업의 언론사 소유 금지 또한 같은 맥락에서 찬성한다. 산업자본과 언론은 그 성격이 매우 상이하다. 산업자본이 언론사를 소유하려는 것은 어떤 이유를 대든 설득력이 약할 수밖에 없다. 잘 할 수 있는 분야에 투자는 집중되어야 하고 서로 상이한 분산 투자는 기업뿐만 아니라 국가에도 득이 되지 않는다. 우리는 이탈리아의 베르콜리누스 전 총리의 사례를 반면교사 삼아야 한다. 그가 소유한 언론사들은 한 목소리로 그에게 유리한 여론을 조성했고, 그 반대의 목소리는 철저하게 막았다. 결국 그는 총리 선거에 당선되어 나라를 이끌었지만 가지 못했다.

　만약 기업의 오너가 범죄를 저질렀다면 엄정한 법집행이 뒤따라야 한다. 우리 사회는 '유전무죄 무전유죄'라는 이상한 불신이 공공연히 팽배해져 있다. 국가 기강은 법집행에 예외를 두지 않을 때 바로 선다. 우리나라 경제에 기여한 바가 컸다든가, 구속되면 경제위기가 초래될 것이라는 말도 안 되는 이유를 들어 형벌을 가볍게 하는 일은 앞으로 없어야 할 것이다.

나, 우리, 국가, 세계, 그리고 중소기업

닫는 글

먹구름의
환한 언저리

　하늘 한 자락 먹구름 주위로 환한 햇빛이 쏟아지는 광경을 본 적 있다. 사방은 어두컴컴하지만 먹구름 주위는 개기일식 때처럼 환했다. 먹구름이 태양빛을 가리고 있는 동안은 절망과 고통의 시간이다. 하지만 곧 태양빛은 먹구름을 비껴 나와 세상을 비춘다. 먹구름이 언제까지나 태양을 가릴 수는 없는 것이다.

　내 지나온 삶에도 한 때 먹구름이 끼었다. 인문계 고등학교를 간 친구들이 대학입시를 위해 책과 씨름하고 있을 때 나는 기계와 싸웠다. 기계를 능숙하게 다루고 장차 조국근대화의 기수가 될 거라는 희망이 있었지만, 내 마음 한 구석에는 대학을 가지 못할 거라는 열패감이 자리 잡았다.

　국립 부산기계공업고등학교를 졸업한 나는 대학에 가고 싶었지만 곧바로 군복무를 대신해 방위산업체에서 근무를 시작했다. 이후 나는 오랫동안 조

나, 우리, 국가, 세계, 그리고 중소기업

국근대화의 기수로 산업의 최전방에 있었다. 그러는 동안에도 나는 책을 손에서 놓지 않았다. 대학교를 졸업했고 대학원 석·박사 과정을 마쳤으며 중소기업을 창업해서 오늘에 이르렀다.

젊은 날 청운의 꿈을 안고 조국근대화의 기수가 된 수많은 청년들이 대학진학을 포기하고 산업현장으로 향했지만, 그들에게 돌아온 것은 저임금과 대학을 나오지 않은 데 대한 사회적 차별이었다. 나를 포함해서 그들은 모두 고향에서 수재 소리를 들으며 성장한 인재였다. 내가 느낀 열패감은 한 개인의 진로 선택이 잘못되었기 때문이 아니었다. 그것은 사회제도의 모순 탓이었다. 뒷날 나는 정치인이 되어서 이러한 모순을 없애야겠다고 마음먹었다.

내 인생에 먹구름이 어찌 이뿐이겠는가. 30대 초반에 경험도 없이 회사를 차렸고, 어느 누구의 도움이나 조언 없이 혼자서 모든 것을 결정해야 했다. 나는 그럴 때마다 어둠 속에서 고뇌하며 새벽을 맞이했다. 그리고 어느 날 도둑처럼 IMF 구제금융 위기가 왔고, '효창산업'도 풍전등화의 위기를 맞았다. 은행은 기업에 돈을 빌려주지 않았고, 받아놓은 어음조차 할인되시 않았다. 직원들의 월급날이 다가오는 게 너무도 고통스러웠다. 나는 마치 사형 날짜가 잡힌 사형수의 심정으로 하루를 견뎌냈다. 그때 먹구름이 너무 짙어 나는 죽음의 세계에 편히 눕는 게 차라리 현명하지 않을까 하고 생각했다. 바로 그때 나는 짙은 먹구름의 언저리를 뚫고 나오는 희망의 빛을 보았다.

낮에는 직장에서 열심히 일하고 밤에는 대학교 강의실로 가서 공부하던 시절에 귀가 시각은 밤 12시 이후였다. 교통비를 절약하느라 언제나 버스를 탔다. 몹시도 추운 어느 겨울밤이 떠오른다. 칼날 같은 바람이 살을 도려내는 듯했지만 밤하늘에는 환한 보름달이 떠서 도시를 비추고 있었다. 막차를 놓치고 택시를 타는 대신 집까지 걸어가는 중이었다. 수그린 고개를 들어 앙상한 나뭇가지 사이를 비추는 환한 달빛을 보았을 때 나도 모르는 사이에 눈물이 주룩 흘렀다. 까닭 없이 내 삶이 서러워졌던 것이었다. 나는 눈물을 감추지 않고 실컷 울었다. 아무도 보는 사람이 없었기에 나는 울면서 계속 걸었다. 서러운 마음은 또 서러운 생각을 낳았고 얼어붙은 볼에 뜨거운 눈물이 하염없이 흘러내렸다.

그런 과정이 있었기에 나는 희망을 포기할 수 없었다. 먹구름의 환한 언저리를 본 것이다. 비록 먹구름이 태양을 가려 어둡지만 태양은 언제나 먹구름 뒤에 있고 언젠가는 그 태양이 먹구름을 헤치고 나와 세상을 비춘다. 태양은 사라진 게 아니라 일시적으로 먹구름 뒤에 숨었을 뿐이다.

내가 꿈꾸는 세상은 모두 더불어 잘 사는 세상이다. 만약 지금 사회가 더불어 잘 사는 세상이라면 나는 중소기업 CEO로서의 직분에만 충실할 것이다. 하지만 안타깝게도 지금 사회는 그렇지가 못하다. 사자와 노루가 같은 자리에서 한가하게 풀을 뜯는 세계는 아닐지라도 적어도 내가 살고 있는 세상만큼은 더불어 잘 사는 세상을 건설하고 싶다. 나는 이 꿈을 버릴 수가 없다.

현 사회는 계층 간 불신이 그 어느 때보다 팽배해져 있다. 사회갈등이 비등점을 향해 치닫고 있는데 정치인들은 당리당략을 앞세워 반목을 거듭하며 구태를 벗어나지 못하고 있다. 이는 한마디로 정치철학이 없기 때문이다. 사람들, 특히 정치인은 어떤 사안을 바라보고 해석하고 결정할 때에는

나, 우리, 국가, 세계, 그리고 중소기업

기준이 있어야 한다. 그 기준은 바로 국민의 권익이다. 정치인들은 국민의 권익을 금과옥조로 삼아야 하고 나아가 세계시민의 눈으로 세상을 읽고 정세를 판단해야 한다.

지금 우리는 새로운 시대의 전환점에 서 있다. 나에서 우리로, 우리에서 국가로, 국가에서 세계로 관심을 돌려야 할 때이다.